Armando de Melo

Weltenlehrer

Entstehung der Bilder und Botschaften sowie Inkarnationen und Aufgaben der Lichtwesen aus den himmlischen Sphären.

**Heidemarie de Melo Verlag
Schleissheimerstr.220
80797 München
email: de.Melo.Horus @t-online.de**

Widmung

Diese meine Arbeit widme ich Unserem/r Himmlischen Vater/Mutter, hier auf Erden Gott genannt, so wie all denen, die sich davon angesprochen fühlen.
Mein besonderer Dank geht an meinen Freund und Mentor RAPHAEL, für die Impulse, dieses Buch zu schreiben.
Ich danke auch Werner Forster der die beiden vorherigen Auflagen veröffentlichte und zuletzt meiner Frau Heidi, denn ohne ihre Hilfe wäre diese Idee nicht verwirklicht worden.

Titelbild: Lotusblume, Armando de Melo

Copyright Autor Armando de Melo
Copyright Heidemarie de Melo-Verlag
Alle Rechte vorbehalten

ISBN 3-936226-00-8
1. Auflage 1996
2. Auflage 1998
3. Auflage 2002

Inhalt:

Vorwort 1	Seite	6
Vorwort 2	Seite	8
Vorwort 3	Seite	10
Raphael als Raumfahrer	Seite	12
Sri Yukteswar	Seite	16
Jesus Christus (Lord Sananda)	Seite	20
Meine Begegnung mit Ashtar	Seite	30
Pan	Seite	34
Mein Treffen mit Sanat Kumara	Seite	38
Begegnung mit Lord Kuthumi	Seite	42
Lord Monka	Seite	48
Lady Venus	Seite	56
Adonis der "Logos" des Planeten Venus	Seite	64
Saint Germain - Die leuchtenden Augen	Seite	68
Der Indianer Wontanna	Seite	82
Der Engel der Freiheit (Liberty Angel) Avalon	Seite	92

Mutter Maria	Seite	96
Erzengel Gabriel	Seite	104
El Morya	Seite	108
Isis	Seite	116
Meister Serapis Bey	Seite	120
Lady Kwan Yin	Seite	124
Erzengel Michael	Seite	134
Grace	Seite	138
Heilende Hände	Seite	142
Hilarion	Seite	144
Horus	Seite	152
Raumschiff Neptun	Seite	154
Lady Nada	Seite	156
Metatron	Seite	160
Lady Rowena	Seite	164
Osiris - Die gewaltige Energie	Seite	168
Lotus-Blume	Seite	172

Vorwort 1

Dieses Buch ist ein unvollständiges Werk, denn je mehr ich lerne, um so mehr kann hinzugefügt werden. Dies ist nur ein Anfang, ein wenig von dem, was ich in dieser Unendlichkeit der Erfahrungen die das Leben bedeuten, gelernt und gesehen habe.

Das Leben ist eine fortwährende Tat, eine Spirale ohne Anfang und Ende, ein ewiges Jetzt in der Unendlichkeit, wo der VATER existiert und wir mit IHM leben.

Meine ersten religiösen Lernprozesse konnte ich in einer baptistischen Kirche in Rio de Janeiro, Brasilien, erfahren. Die Grundlehren halfen mir zwar, ich konnte sie aber nicht als vollständig empfinden. Ich bin schon sehr jung von Brasilien weg und wollte die Welt sehen.

Immer wurde ich stets geliebt, seit meiner Kindheit, von allen oder fast allen, die ich kennen lernte. Wie man so sagt, habe ich Glück in meinem Leben gehabt, bis zu dem Punkt wo ich meinte, mein Leben ohne SEINE Hilfe steuern zu können. Ich vergaß wer ich war und was mein Leben sein sollte. Sogar das Talent, das ER mir gab, also die Malerei, praktizierte ich nicht mehr.

Ich hatte zwei schwere Unfälle, die mich fast das Leben in der physischen Form kosteten. Nachdem ich das Krankenhaus nach dem 2. Unfall verließ, fragte ich: "VATER, ich glaube, dass etwas mit mir nicht in Ordnung ist." Sofort antwortete eine Stimme in meinem Kopf: "Male!"

Seit dieser Zeit, also 1980, male ich. Am Anfang waren es Bilder über alles, was mit mir geschah: die Emotionen, Krankheiten und Probleme.

Bis zum Jahr 1991, als ein Wesen, halbleuchtend und mit seltsamer Kleidung in mein Schlafzimmer trat und mir sagte, er bleibe immer an meiner Seite. Ich malte ihn, denn ich fand es sehr sympathisch von ihm, dass er sich um mich kümmerte.

Anschließend haben sich viele Wesenheiten gemeldet. Ich fing an zu meditieren und über das Thema zu lesen, um das WARUM meiner Existenz zu ergründen. Dieses WARUM fragen wir ja sehr oft und bleiben manchmal ohne Antwort.

Die Erfahrungen, die ich erlebe, möchte ich mit allen, die es wollen, teilen. Mit allen, die diese wunderbare Welt ergründen wollen, die in uns ist.

Je mehr wir uns selber bewusst werden, um so näher kommen wir zum Ursprung des GOTT IST IN ALLEM UND IN UNS, UND ALLES IST GOTT.

Armando de Melo, September 1996

Vorwort 2

Im Verlauf der Jahre konnte ich wieder einige Erfahrungen sammeln, die ich gern mit Euch teilen möchte. Die Zeit vergeht und wir merken nicht, dass wir uns weiter entwickeln. Alles scheint wie vorher zu sein, es ist alles so subtil, dass wir die Veränderungen nicht erkennen. Wie wir uns jeden Tag im Spiegel anschauen und nicht sehen, wie unser Körper sich verändert, ob zum Guten oder auch nicht, das können wir nicht präzisieren. Ich weiß, dass wir alle jeden Tag einen Schritt machen, um ein besseres Bewusstsein von uns selbst zu erhalten. Jede Minute und jeder Tag ist ein neuer Schritt hin zu einem neuen erweiterten Bewusstsein, ganz gleich, ob wir uns dessen bewusst sind oder nicht.

Manchmal habe ich das Gefühl, dass ich stehen geblieben bin. Dann wiederum denke ich, dass ich eine andere Wahrnehmung von mir und dem Leben bekomme. Und in diesen Höhen und Tiefen leben wir, manchmal zufrieden oder auch nicht.

Mit dem Teil 2 von" Weltenlehrer" möchte ich sagen, dass ich jeden Tag ein wenig mehr auf der Erde bin, ich bin nicht zu einem Guru geworden, sondern ich werde immer mehr eine ganz einfache Person, und jeden Tag, den ich erleben darf, danke ich unserem Himmlischen Vater für die Gelegenheit, mit Allem und Jedem, dem wir täglich begegnen, zusammenzuleben. Ich bin glücklich Tag für Tag die Wahrheit (meine Wahrheit) in mir und in meinem Leben zu entdecken.

Heute versuche ich die Schönheit zu sehen, die um uns ist, ohne dass ich sie analysieren will, sondern nur einfach die Schönheit der Natur und der Menschen zu sehen und jeden

Gedanken zu vermeiden, der die "alte Schallplatte" wieder in meinem Leben spielen lässt.

Denkt daran, das Leben auf diesem Planeten ist ein Segen, lebt die Liebe, es ist unwichtig, was der eine oder andere denkt, wie Ihr lebt und was Ihr sagen wollt. Akzeptiert Euren Nächsten wie Ihr auch gern akzeptiert werden möchtet.

In vielen Gruppen spricht man ständig von der Liebe, von Einheit und Einklang mit der Freude und dem Herz, aber dabei wird genau festgesetzt und bestimmt, wie man sich verhalten soll um akzeptiert zu werden.

Für mich ist das eine bedingte Liebe, wenn es Regeln gibt um anerkannt zu werden. Was wir haben oder was wir exerzieren müssen, ist die bedingungslose Liebe, wo alle geliebte Brüder und Schwestern sind, ohne Vorbehalte auf irgendeinen Göttlichen Ausdruck, der momentan seine Entwicklung mitmacht, es ist nicht wichtig, in welcher Phase der Entwicklung diese Person sich befindet.

Die Liebe ist das einzige Mittel um uns zu ernähren, ob Ihr nun mit Wasser, Gemüse oder Fleisch lebt. Wenn Ihr keine Liebe für Euch selbst und für das, was Ihr tut, habt, dann ist alles vergebens.

Es gibt kein Medium, so berühmt es auch sein mag, das vermag, Euch Liebe zu geben, wenn Ihr nicht wisst, was Liebe ist. Die Liebe ist der einzige Schlüssel zu einer anderen Dimension und ist der einzige Weg, damit die ewige Kraft mit uns Kontakt aufnimmt.

LIEBE IST DAS LEBEN, UND LEBEN IST LEBEN

In Liebe Armando

Vorwort zur 3. Auflage

Was ist das wichtigste für mich?

Ehrlich mir selbst gegenüber zu sein. Macht nie das, was ich oder ein anderer macht, sondern das, was Ihr in Eurem Herzen fühlt. Mein Weg muss nicht der Eurige sein, alle Wege sind richtig, manche etwas länger, das ist nicht wichtig. **Alle Wege führen zurück zu Gott, zum Leben.**

Strebt danach, Eure Träume zu leben, lasst sie niemals sterben. Jede Beleidigung, die Euch zugeführt wird, verzeiht sie von Herzen. Dann werdet Ihr mehr Freude und Freiheit spüren in diesem physischen Leben und viel Segen erhalten. Seid keine Opfer und wandelt Euch in Liebe um. Diejenigen, die uns beleidigen, sind unsere besten Freunde, sie lehren uns, über unsere Grenzen hinauszugehen und immer mehr zu wachsen, wenn wir uns nicht als Opfer ansehen.

Armando de Melo

Raphael als Raumfahrer

Meine Frau besuchte seit einiger Zeit Mediale Freundeskreise, die sich neben anderen Themen auch mit unseren Sternengeschwistern beschäftigten. Sie erzählte mir immer wieder davon und ich hörte nur zu. Mit der Zeit aber wurde mein Interesse an diesem Thema doch geweckt. Das war Anfang 1991. Ich schrieb einen Zettel an Ashtar mit der Bitte: *„Falls es Dich wirklich gibt, melde Dich bei mir!"*

Ich legte diesen Zettel einfach unter mein Kopfkissen. Dort blieb er 3 Monate liegen - bis zu jenem außergewöhnlichen Ereignis im Mai 1991 kam:

Ich sah im Halbschlaf eine schöne Gestalt in mein Schlafzimmer eintreten. Wegen ihres Aussehens hielt ich sie für einen Raumbruder, für einen „Santiner".

Er stellte sich mir vor, ohne mir seinen Namen zu nennen. Er trug einen weißen Overall und strahlte in einem leicht blauen Licht. Auf der Brust trug er zwei rote Triangel; er trug einen breiten, goldenen, glänzenden Gürtel. Ich fragte ihn, für was dieser Gürtel gut sei. Er antwortete, dies sei eine Art „Kontrolle", er könne sich damit materialisieren oder sofort unsichtbar machen und auch in andere Dimensionen reisen. Dann sagte er mir: „Von heute an werde ich immer an Deiner Seite sein. Du brauchst Dich vor nichts mehr zu fürchten!" Er gab mir auch zu verstehen, dass ich meine Hände nutzen würde, um zu heilen. Ich fragte ihn: „Kann ich gleich damit anfangen?" Doch er gab mir zur Antwort: „Nein, Du bist noch nicht soweit". Seitdem spricht er oft telepathisch mit mir. Ich fragte ihn nach seinem Namen, doch er meinte nur, das sei nicht so wichtig. Ich nannte ihn daraufhin „meinen Freund".

Ich erhielt von ihm Belehrungen über die Welt, die Schöpfung und auch über andere Planeten. Immer wieder war dieses Wesen als Lehrer da.

Als „mein Freund" mir dann auch tagsüber erschien, entschloss ich mich, ihn zu malen. Mein „Freund" unterstützte mich dabei. Das Bild wurde auf Holz gemalt. Und dies war der Anfang von meiner medialen Malerei!

Am 29.August 1993 las ich eine Botschaft von Sri Yukteswar. Dieser sprach über Raphael. Als ich das las, schlug mein Herz plötzlich ganz stark und ich fühlte ihn in meiner Nähe. Da fragte ich ihn: *„Bist Du Raphael?"*
Er antwortete: „Ja, aber das musstest Du selbst herausfinden, deshalb habe ich es Dir bisher nicht gesagt!"

Ich ließ das Bild ablichten. Ich verschenkte einige Bilder davon, wobei sich Raphael bei den Leuten auf irgendeine Art bemerkbar machte: er „beseitigte" Krankheiten oder heiterte traurige Menschen auf.

Raphael bedeutet: **Gott heilt.** Er gehört zu dem grünen Strahl, dem Strahl der Heilung, zusammen mit Meister Hilarion. Sein Tag ist der Donnerstag. In der Bibel im Buch Tobias wird er dargestellt als Reisegefährte, Beschützer und Fürsprecher. Diesen Fürsprecher haben wir alle sehr nötig. Vertrauen wir ihm!.

Sri Yukteswar

Auf einigen Umwegen erhielten wir Mediale Botschaften von ihm durch sein Medium Inge Lang (+1994*). Mir gefiel das was er schrieb, sehr gut. Und eines Tages befand ich mich allein in meinem Büro an meiner Arbeitsstelle und las wiederum in seinen Durchgaben. Ich bat ihn einfach, so als ob dies das natürlichste der Welt sei: „Lieber Sri, ich würde Dich so gern sehen". Und im selben Moment erschien eine Gestalt in weißem Gewand, die sich links neben mir bewegte und dann vor mich stellte. Die Vision war materialisiert, jedoch nicht bis auf unsere Frequenz herabgesetzt. Es war eine durchsichtige Erscheinung. Ich bat ihn, er möge doch einige Minuten bei mir bleiben, damit ich eine Skizze anfertigen könne. Und er blieb.

Einige Wochen später malte ich ihn; er teilte sich mir telepathisch mit.

Ich malte ihn in einem Raumanzug - dies, so dachte ich, sei meine eigene Phantasie. Er teilte jedoch später dem Medium Inge mit, dass er mich dabei inspirierte und dass ich ihn in einer Inkarnation in Indien, als er selbst 30 Jahre alt war, persönlich kennen gelernt hätte. Ich selbst sei damals Heiler gewesen.

Sri Yukteswar war der Lehrmeister von Yogananda. Er lebte in seiner letzten Inkarnation in Indien, Serampur von 1855-1936. Er schrieb das Buch „Die Heilige Wissenschaft"**), in dem er zwischen den Schriften des Christentums und denen des Sanatan Dharma eine wesentlich bestehende Einheit bestätigt.

*) Die Botschaften sind erhältlich bei:
   Rudolf Schürz, Lehenleiten 8,
   A-4644 Scharnstein/Österreich
**) Otto Wilhelm Barth Verlag

Hier eines seiner schönen Mantren, die er durch das Medium Inge gab:

ICH BIN Licht
ICH BIN göttliche Strahlkraft
ICH BIN gekommen, um diesem Licht in der Materie Ausdruck zu geben
ICH werde meine Aufgabe erfüllen.

Jesus Christus
(Lord Sananda)

Als ich ungefähr 5 Jahre alt war, träumte ich das erste Mal von Jesus Christus. Was er mir damals zeigte, habe ich mein Leben lang versucht zu vergessen, es gelang mir aber nie:

Die Erde bebte, und das Feuer loderte überall.

Die Menschen liefen schreiend in alle Richtungen und nur eine kleine Menge folgte ihm nach.

Jetzt erschien er mir wieder im Traum:
Es war Nacht und ich befand mich auf einer Terrasse. Ich sah einen durchsichtigen Kristall, der rautenförmig glitzerte.

Auf einem nahe liegenden Berg sah ich Jesus Christus stehen; er trug ein weißes Gewand und um ihn herum strahlte ein Lichtkreis.
Er sagte mir: *„So komme ich wieder, wenn die Welt am dunkelsten ist."*

Am nächsten Morgen verspürte ich den Drang, diese Vision zu malen. In 45 Minuten war das Bild fertig. Noch nie habe ich ein Bild so schnell gemalt.

Hier eine Botschaft von IHM:

Ich Bin es, Lord SANANDA, der zu Euch spricht. Ich möchte Euch bitten, meine geliebten Kinder, diese Botschaft an alle weiterzugeben, die sie hören mögen. Ich bitte Euch eindringlich, meine Kinder, lebt in Frieden mit Euch selbst und in Frieden mit Eurer Welt. Vergesst die Zeit, wie Ihr sie bisher gekannt habt, vergesst Eure Einteilung des Tages in 24 Stunden, Ich sage Euch, meine geliebten Kinder, messt die Zeit lieber nach den Aufgaben, die Ihr noch zu erfüllen habt. Jeder, der diese Botschaft liest, wird wissen und verstehen, was Ich meine, jeder von Euch hat noch Aufgaben zu erledigen, und Ich sage Euch, meine geliebten Kinder, messt Eure Zeit nach der Erfüllung dieser Aufgaben. Wenn Ihr tief in Eurem Innern wisst und fühlt, dass Ihr die Aufgaben erfüllt habt, die Ihr Euch gestellt habt - oder die Eure Führer, Helfer und Lichtarbeiter Euch gestellt haben - dann wisst Ihr , dass die Arbeit erledigt ist. Wenn Ihr fühlt, dass es so richtig ist und dass alles in Übereinstimmung und Harmonie ist mit Euch und mit der Welt, in der Ihr lebt, dann ist das die Erfüllung, nach der Ihr Ausschau haltet.

Ich bitte Euch dringend, meine geliebten Kinder, lasst Eure Augen nicht an der flüchtigen Zeitskala haften, nach der Ihr Eure Welt bemesst. In der Vergangenheit bin Ich häufig nach bestimmten Daten für bestimmte Ereignisse befragt worden. Diese habe Ich bereitwillig bekannt gegeben, und diese Daten werden auch weiter bestehen bleiben. Das Wichtigste jedoch, das Ihr verstehen und wissen müsst ist dass, wenn Eure Welt zur neuen Welt wird, keine Notwendigkeit mehr besteht für die Einteilung der Zeit in Stunden und Minuten.

Jenen unter Euch, die sich Sorgen machen über ihre eigene persönliche Entwicklung oder gar über die Entwicklung der Welt, Euch, meinen geliebten Kindern, sage Ich, wir schreiten ständig voran, jeder einzelne entwickelt sich ständig weiter. Dies muss Eure Losung sein - Fortschritt, Fortschritt, Fortschritt. Arbeitet an der Erfüllung Eurer Selbst und aus Eurer Selbsterfüllung folgt Welt- Erfüllung-Selbst-Erfüllung folgt Welt-Erfüllung. Baut auf die Lektionen, die Ihr für Euch selbst gelernt habt - dies war stets und der Plan, meine Kinder - zuerst Euer eigenes Lernen, dann eigene Selbst-Erfüllung und -Erlangung, und der nächste Baustein ist die Selbst-Erfüllung und -Erlangung für Eure Welt.

Jeder von Euch erbringt einen wertvollen Beitrag zu diesem Plan des Fortschritts und des Aufstiegs - so wird es sein.

Königreiche und Welten sind auf Liebe und Liebe allein gebaut, und um Selbst-Erfüllung und Selbst-Erlangung zu erzielen, müsst Ihr zuerst lernen, Euch selbst zu lieben, alles an Euch selbst zu lieben und was Ihr nicht lieben könnt müsst Ihr logisch durchdenken.

Jeder von Euch hat auf seiner Reise nach Innen verschiedene Stadien erreicht, und jenen unter Euch, die noch immer nach Antworten auf ihre Fragen suchen, Euch, meinen geliebten Kindern, möchte ich sagen - und Ich kann das nicht stark genug betonen und nicht laut genug sagen -**SCHAUT NACH INNEN.** Fragt, erkennt, geht weiter. So funktioniert es.

Eure Gattung ist bis zu dem Punkt, an dem sie nunmehr steht, durch viele Dinge hindurch- und fortgeschritten. Die Wissenschaftler nennen es Evolution natürlich, es ist Evolution aber es ist ebenso Fortschritt, und wir schreiten der größten Errungenschaft Eurer Welt entgegen, und das ist eine neue aufgestiegene Welt.

Ihr werdet in die höheren Reiche des Lichts und der Liebe fortschreiten, aber das ist nicht möglich, wenn Ihr nicht den ersten Schritt unternommen habt, und der erste Schritt ist die Reise nach Innen. Wenn Ihr in Eurem Innersten ein unerschütterliches Fundament der Liebe für Euch selbst geschaffen habt, der Liebe für Euren Nächsten , dann könnt Ihr

damit beginnen, ein Fundament der Liebe für die Welt, in der Ihr lebt, zu schaffen.
Lasst mich dies ganz klar machen: wenn ich von Liebe zu Euch selbst spreche , dann meine ich damit nicht Selbst- Besessenheit. Ich meine nicht Arroganz, ich meine nicht Selbstsüchtigkeit, ich meine damit nicht, dass Ihr Euch selbst über andere stellen sollt - was ich meine ist: hebt Euch selbst, geht sanft mit Euch um, schaut in Euer Herz. Pflegt die Liebe und Güte, die dort vorhanden sind, und wenn dort Zorn oder Hass auf einen anderen sind, dann schickt diese fort, aber liebevoll.

Jene unter Euch, die anderen helfen, ihren Weg zu finden, möchte Ich fragen, wie macht Ihr das? Wenn Ihr versucht, andere vom Unrechten zu befreien - wenn sie Euch um Hilfe und Heilung bitten - so ist Euer bestes Werkzeug, die beste Möglichkeit für den Fortschritt: LIEBE, und daher sage Ich Euch, meine geliebten Kinder, beseitigt die schädlichen Dinge in anderen mit Liebe, denn habe ich Euch nicht gesagt "Behandelt andere so, wie Ihr selbst behandelt werden möchtet. Ich wiederhole noch einmal **-BEHANDELT ANDERE SO, WIE IHR SELBST BEHANDELT WERDEN MÖCHTET**". Erinnert Euch dieser Worte, meine Kinder, denkt darüber nach.

Wie Ihr anderen Eure Liebe entgegenbringt, so bringt sie auch Euch selbst entgegen. Geht nicht so hart um mit Euch selbst. Verachtet und geißelt Euch nicht. Ihr seid nicht vollkommen und könnt es auch zum jetzigen Zeitpunkt gar nicht sein, aber Ihr schreitet in dieser Richtung voran. Eure Welt geht in diese Richtung. Sie ist nicht vollkommen, aber sie geht darauf zu, und sehr bald wird Euch Vollkommenheit enthüllt werden.
Etwas anderes, was ich Euch noch sagen möchte, meine geliebten Kinder, bedenkt die Worte, die Ihr anderen gegenüber gebraucht. Ein verletzendes Wort, ein gedankenloses Wort kann nicht zurückgeholt werden, wenn es einmal vom Hauch

der Luft davongetragen wurde, aber es wird immer von dem bewahrt werden, der verletzt wurde. Auch hier wieder, **"BEHANDELT ANDERE WIE IHR SELBST BEHANDELT WERDEN MÖCHTET".**

Sprecht keine harschen Worte zu Euch selbst, sondern versucht lieber zu verstehen und füllt die harschen Worte mit Liebe und mit einer anderen Art, und so, wie Ihr mit Euch selbst umgeht, so geht auch mit anderen um. Wenn Ihr von Menschen umgeben seid, die Euch frustrieren - die Euch beurteilen, die Euch verurteilen - so lehnt sie nicht ab, sondern versucht erst einmal, sie zu lieben und sucht nach einem anderen Weg, Eure Gedanken und Ansichten zu formulieren.

Niemand ist so stumm oder taub, dass er überhaupt nicht sprechen oder hören könnte. Wenn er nicht den Mut im Herzen besitzt sich zu öffnen, weder mit seiner Stimme, noch mit seinem Gehör, dann lasst ihn in Frieden. Lasst ihn die Geheimnisse der anderen Welt erforschen, wenn die Zeit für ihn stimmt. Fortschritt geht oftmals langsam vonstatten, aber die Früchte, die reifen, sind genauso schön und saftig, und mit der Zeit, meine geliebten Kinder, werden alle Dinge enthüllt.

Seit ihm Frieden mit Euch selbst. Seid im Frieden mit der Welt. Regt Euch nicht auf über Dinge, die Ihr im Augenblick nicht ändern könnt, sondern versucht zu verstehen, dass Weisheit darin verborgen liegt, und dass Ihr manches nicht ändern könnt.

Tröstet Euch mit dem Wissen, dass alles gesehen, alles gehört wird, und dass mit der Zeit alles geheilt wird, geliebt, gepflegt und zum Fruchttragen gebracht wird. Lasst Euch *von* diesen Worten ermutigen, meine geliebten Kinder, und mäßigt Eure

Liebe mit Geduld und Toleranz, und Geduld und Toleranz werden Verständnis mit sich bringen.

Worte sind deshalb nötig, meine Kinder, weil wir ein Gefühl der Besorgnis bemerkt haben - es ist da die Angst, dass die Worte, die in der Vergangenheit gesprochen wurden, nicht wahr seien - und es ist eine wachsende Ungeduld zu spüren, ein ungeduldiges Erwarten der Veränderungen. Manche kommen zusammen und sagen zueinander: "Es scheint nichts zu geschehen. Was ist los? Warum geschieht dies nicht und jenes nicht?"

Die Veränderungen werden stattfinden, es sind einige eingetreten, aber die Veränderungen, die Ihr ersehnt, sind jetzt noch nicht für alle sichtbar. Ich bitte Euch, Eure Sicht zu erweitern. Ihr habt hier eine großartige Gelegenheit. Ihr habt die Medien die Euch Informationen bringen, gute und schlechte - meistens schlechte - aber wenn Ihr einmal weiterblickt, anstatt die Situation zu beklagen, kehrt Eure Sicht einmal um und fragt Euch: " Wie kann ich in dieser Situation Hilfe leisten?" Gebete sind manchmal nicht genug, manchmal bedarf es eines physischen Schrittes, nämlich sich hinzusetzen und die Energie herauszulassen, die Ihr in Euch habt.

Ich bitte Euch eindringlich, beklagt und bejammert nicht die Tatsache, dass es eine Hungersnot gibt - noch einen Krieg, noch einen Mord – wie könnt Ihr dies umkehren? Wofür habt Ihr Eure Energie? Warum meint Ihr dass Ihr diese braucht? Kehrt es um - strengt Euch an - Ihr könnt es.

Es ist so einfach, immerfort nur nach dem Negativen zu schauen - das Negative wird Euch immer frei Haus geliefert.

Wie ich schon sagte, Ihr habt wundervolle Medien hier, aber die einzigen Dinge, die als mitteilungswert angesehen werden, sind schlechte Nachrichten, und so möchte Ich Euch bitten und sogar drängen, kehrt dieses Negative in Positives um - findet den Weg - aber es ist die Natur des Menschen, das Negative zu sehen, weil er nicht glauben kann, dass die Welt sich verändern und ein positiver und schöner Ort sein kann. Die Menschen suchen nach einer Möglichkeit, sie zu Fall zu bringen.

Genauso wie damals, als Ich zuletzt hier auf der Erde war. Für sie war Ich Vollkommenheit, unerreichbar in ihren Augen, und dennoch so wie Ich war, sollte eigentlich jeder Mensch sein. Vollkommenheit war erreichbar, und deshalb habe Ich zu Euch gesagt, hebt Euch selbst - wie könnt Ihr einen anderen Menschen heben, wenn Ihr dieses Gefühl nicht für Euch selbst empfinden könnt?

Liebt Euch selbst, liebt andere, und wenn diese Trittsteine gebaut worden sind, dann lässt sich Vollkommenheit erreichen, durch Liebe, durch Verständnis - indem Ihr Euren Ängsten und Irrtümern mit Verständnis begegnet- und indem Ihr nicht harsch oder unfreundlich mit Euch selbst oder anderen umgeht, sondern sie vielmehr umkehrt in Kanäle positiver Energie.

Was ich hatte, war in den Augen der Menschen damals unerreichbar, und es war notwendig für sie, mich zur Strecke zu bringen, um den Schwachpunkt in mir zu finden. Ich habe viele Schwachpunkte in mir gefunden. Bat Ich nicht zuletzt noch: **"Lass diesen Kelch an mir vorübergehen, Ich möchte den bitteren Inhalt nicht schmecken. Ich möchte den Schmerz nicht fühlen"** und: **"Vater, warum hast Du mich verlassen?"** und doch war Ich in ihren Augen vollkommen. Nein, Ich hatte Fehler wie alle Menschen – Ich hatte Furcht, Ich hatte Schmerz, Ich hatte Ablehnung - Ich war nicht vollkommen, ich versuchte lediglich zu veranschaulichen, dass man mit genügend Liebe im Herzen viele Dinge verändern kann - und das gilt noch immer.

In Liebe und Licht, meine geliebten Kinder –SANANDA

Meine Begegnung mit Ashtar

Viele meiner Freunde wollten, dass ich Ashtar male.

Ich konnte immer nur antworten, dass ich ihn noch nicht gesehen hatte. Malen könnte ich ihn zwar wohl nach meiner Vorstellung, aber ich wäre mir nicht sicher, ob er es dann auch wirklich sei.

Ich ließ die Angelegenheit also beiseite, bis ich mich plötzlich eines Samstages in der Meditation an einem sehr schönen Ort befand.

In der Nähe war ein See und dort sah ich Jesus Christus und Sri Yukteswar. Ich saß im Lotussitz, hinter mir stand Raphael, als plötzlich eine große blonde Gestalt mit einem Lächeln auf dem Mund zu uns kam. Er trug einen hellgrauen, fast weißen Overall ohne irgendwelche Abzeichnungen, sondern lediglich einen breiten goldenen Gürtel. Meine Intuition sagte mir, dass dies Ashtar sein müsse.

Ich fragte ihn und er bejahte. Ich bat ihn um Erlaubnis, ihn malen zu dürfen und dass er in meinem Gedächtnis bleibe, bis ich eine Skizze von ihm anfertigen könne.

Er tat es und ich konnte ihn anschließend malen.

Er ist eine sehr energische, liebenswerte Person und seine Botschaft an mich lautete:

„Verbring nicht zu viel Zeit mit oberflächlichen Dingen, sondern gehe stets direkt dem Ziel entgegen!"

Zu Ashtar:

Er ist der Oberbefehlshaber von zwanzig Millionen Wesen aus dem Weltraum, die ihre Stützpunkte im Bereich unserer Erdbahn bezogen haben. Der Name „Ashtar" wurde ihm verliehen von der Hierarchie dieses Universums im Hinblick auf seine Berufung als Kommandant der Intergalaktischen Flotten dieser Hemisphäre.

Er ist aktives Mitglied unzähliger, in diesem Sektor des Universums verteilten Ratsversammlungen, wo er eine beratende Funktion ausübt in strategischen Belangen intergalaktischer Bereiche.

Der Christus-Lehrer dieser Galaxie ist sein lieber Oberkommandierender und sein Wort ist ihm Befehl. Ihm widmet er seinen ganzen Dienst.

Ashtar vertritt das zwölfte Reich und die Hierarchie der Großen Zentralsonne.

Hier eine Botschaft von Ashtar
Aus „Ashtar, Stimmen von Oben", Tuella

„ICH BIN" Ashtar, das ist mein Name und nicht ein Amt. „ICH BIN" ein Mensch, genau so wie Du ein Mensch bist, und nicht ein Titel. Ich existiere und bin nicht ein Mythus; ich bin nicht eine Un-Person, noch bin ich von der zweiten Dichtestufe; „ICH BIN" ein Wesen und nicht eine Beeinflussung; ein Soldat des Lichtes und nicht ein Schemen. Ja, ich habe viele Nachahmer, aber willensstarke Überzeugte lassen sich nicht täuschen, denn dies ist unmöglich. Verleumder versuchen, meinen Ruf zu besudeln. Aber ich setze mein Werk getreulich fort und erfülle meine Pflicht gegenüber Gott und seiner Schöpfung.

Wir dienen in der Schwingung der Liebe, oftmals mit großen persönlichen Opfern zum Wohle des größeren Ganzen, in Treue gegenüber dem Strahlenden. Unsere Botschaft und erster Grundsatz ist Friede. Wir wollen mithelfen, Terra (Planet Erde) in den Intergalaktischen Bund für Frieden und Bruderschaft zu bringen.

Ashtar

PAN

Diesen Planeten durfte ich in der Meditation und auch im Traum besuchen. Er befindet sich in der 9. Dimension.

Wenn man durch das „Portal" in diese Dimension geht, sieht man einen Wasserfall, ca 10 Meter hoch, von wo ein smaragdgrünes Wasser in einen kleinen Teich stürzt. Von dort aus kann man ein Teil der Landschaft überblicken, denn das ganze befindet sich auf einem Plateau. Wenn man in das Tal herabsteigt, kommt man an einer Höhle aus einem grünen Kristall vorbei. Diese Höhle strahlt ihr eigenes Licht aus und beleuchtet den Weg. Die Vegetation dort ist grün und gelb, es wächst dort eine Art Rose, die wie ein roter Lotus aussieht.

Die Bewohner sind hellhäutig und ihre Haare sind braun bis hellblond. Sie tragen weiße Gewänder, die griechisch aussehen und scheinen dort sehr glücklich zu sein. Ich konnte männliche und weibliche Wesen dort erkennen. Außer der Vegetation und der Hügel sah ich jedoch keine Häuser oder Gebäude, sondern nur einen großen Tempel in der Mitte eines Gartens. Der Tempel sah aus wie ein Amphitheater und in seiner Mitte befand sich ein sehr großer weißer Kristall.

Der Fußboden und die Wände bestanden aus einem Material, das bemaltem Marmor gleicht; die Menschen legten sich dort in Meditation hin.

Der Planet hat 3 Sonnen und die Nacht existiert nicht; in einem Moment wechselt sich die Luminosität. Am Himmel erscheinen rosa und gelbe Strahlen, die sich in rot und gold verändern. Als sich die Farben am Himmel veränderten, sah ich sehr viele

Bewohner dieses Planeten fliegen, sie benötigten aber keinerlei Fluggeräte oder Flügel.

Einige Bewohner dieses Planeten haben sich in der dritten Dimension verkörpert. Es gibt auch welche auf unserem Planeten. Jeder von ihnen wurde mit einer ganz bestimmte Gabe und Aufgabe ausgestattet.

Der von mir gemalte Bewohner dieses Planeten trägt eine Hose, die wie aus kleinen Stückchen Metall zusammengefügt ist und lackähnliche Stiefel. Das Hemd ist weiß und er trägt einen Schal, der zur Heilung dient. Dabei müssen seine Handflächen nach oben gerichtet sein. Der Schal ist mit roten Blumen bemustert, die es auf diesem Planeten gibt; sie symbolisieren das Heilen.

Mein Treffen mit
Sanat Kumara

Ich bin Sri Yukteswar sehr dankbar für seine Lehren und die Freunde, die er mir vorstellte.

Einer davon ist Sanat Kumara. Seine Erscheinung und seine Kleidung überraschten mich sehr, als er plötzlich vor mir saß.

Bis zu diesem Tag kannte ich nur außerirdische Wesenheiten, die auch „außerirdisch" gekleidet waren. Jetzt saß eine Gestalt mit seltsamer Kleidung und Kapuze vor mir im Sessel. Er kam mir vor wie eine Traumgestalt.

Er lächelte mich an, ohne ein Wort zu sagen. Wie immer machte ich eine Skizze. Zur gleichen Zeit meldete er sich in dem ehemaligen Sri Yukteswar-Kreis in Gundelsheim, mit dem ich geistig verbunden war.

Ich wusste damals noch nicht, dass dies der Anfang eines langen Weges der Arbeit an mir selbst war, der mit dem Malen des Bildes begann.

Ich nahm eine Leinwand, die mir gerade zur Verfügung stand, er jedoch wollte diese Leinwand nicht! Ich wollte wie gewohnt das Bild im Lotussitz auf dem Boden malen.

Er aber wollte dafür eine Staffelei. Er sagte mir: „Ohne Staffelei kann man nicht richtig malen, man kann die Proportionen nicht richtig erkennen". Und so ging das eine ganze Weile hin und her zwischen Staffelei und Boden. Nach einiger Zeit wurden wir uns einig - die Leinwand stand zwar nicht auf der Staffelei,

aber sie lehnte am Sofa. Nun ging endlich alles sehr schnell voran.
Während des Malens hatte ich kein Gefühl mehr in den Händen, alles verlief so, als ob ich überhaupt keine Kontrolle mehr über sie hätte und nur ein Instrument war, um dieses Porträt zu malen.

Als das Bild fertig war, fingen meine Probleme erst richtig an:

Er fragte mich *„Wer bist Du?"*. Ich antwortete ihm: *„Ich bin Armando"*. Er sagte mir: *„Nein, Du bist nicht Armando"*. Ich schaute in den Spiegel und erkannte mich nicht mehr. Ich geriet regelrecht in Panik.

Nach langer Zeit und durch Träume lehrte er mich, wer ich bin. Nicht mein irdischer Körper zählt, sondern mein „Göttliches ICH BIN".

Es ist überaus wichtig, den Kontakt mit unserem Höheren Selbst herzustellen und möglichst zu bewahren.

Sanat Kumara ist der Logos unseres Planeten. In der Bibel wird er auch „der Alte der Tage" genannt. Er kam vom Planeten Venus und hat seinen Sitz in der ätherischen Stadt über der Wüste Gobi. Er hat sich nie auf der Erde verkörpert. Seine vorwiegenden Eigenschaften sind Liebe, Geduld und Erleuchtung. Sein Dual, (Zwillingsflamme) ist Lady Venus.

Hier ein Auszug aus seiner Botschaft
an das Medium Inge Lang:

Ich und der Planet sind eins. Jeder, der auf diesem Planeten inkarniert, gehört auch zu mir im geistigen Sein.

Es ist notwendig, dass Ihr mit mir auch bewusst kommuniziert, dadurch könnt Ihr der Erde verstärkte positive Energie zuleiten, ich wirke gleichsam als Brennglas. Sie braucht viel positive Energie in dem Meer von negativ gepolter Schwingung, mit der die Menschheit ihr seit langer Zeit Schaden und Schmerzen zufügt.

Sie braucht große Mengen an positiver Energie, dargeboten von ihrer Menschheit, um sich all dieses Unrates entledigen zu können. Diese positiven Energien münden in den Strom geistiger Energien, die nun im letzten Stadium ihres Leidens den Umwandlungsprozess beschleunigen und der Lösung der grobstofflichen Schwingungen zuführen.

Ihr, die Erwachten, seid Diener des Höchsten und jeder, der die notwendigen oft bis an die Grenze des Möglichen heranreichenden Leistungen für diesen Dienst an Eurem Planeten und seiner Menschheit erbringt, erhält die dazu erforderlichen Energien und kann die Prüfungen schaffen, die Euch zu immer größerer Aufnahme der göttlichen Liebesschwingung führen.

Ihr könnt noch nicht ermessen, was das für Euch bedeutet in Eurem eigentlichen geistigen Sein. Ihr seid eingebettet in die Liebe und dem Schutz Eures Meisters, auch die Hierarchie des Planeten umfängt Euch in Liebe als Helfer für das Planetenwesen Erde in einer ihrer großen Stunden im kosmischen Plan.

Auch die Sternenbrüder kennen jeden von Euch Helfern, es sind Millionen inkarniert zu dieser Zeit, die ihre Hilfe zur Verfügung stellten.

Mein Sein webt in jedem, der diese Erde betritt, versucht es wahrzunehmen, indem Ihr die Liebesschwingung zu Eurem Planeten in Euch verstärkt. Ich segne Euch.

Sanat Kumara
im Namen der Hierarchie

Begegnung mit Lord Kuthumi

Lord Kuthumi erschien mir unerwartet während einer Meditation wie ein Mann, der aus dem Weltraum kommt.

Ich erinnere mich, wie er über die Rampe eines Raumschiffes herabsteigt, gefolgt von fünf weiteren Personen, die im Hintergrund bleiben, während er mit ausgebreiteten Armen auf mich zukommt. Ich hatte irgendwie das Gefühl, einen alten Freund wieder zu treffen, ohne mir bewusst zu sein, woher ich ihn kannte und wer er war. Er war von kräftiger Gestalt und sehr groß. Mein Kopf reichte ihm gerade bis zu den Schultern (ich bin 1,81 m groß). Alle Personen - Männer und Frauen - trugen hellgelbe metallisch goldglänzende Overalls. Das Licht, das vom Raumschiff und auch von den Personen ausstrahlte, war wie ein feiner, mit Goldstaub angereicherter Nebel. Seine ausgestreckte und zum Gruß geöffnete Hand - wie sie das Bild zeigt - war voller Wärme und Stärke, als er sie mir reichte. Wir verständigten uns ohne Worte zu wechseln, allein durch ein Gefühl grenzenloser Liebe! Dann kehrten die fünf Begleiter in das Raumschiff zurück, und Kuthumi folgte ihnen, worauf das Raumschiff wieder verschwand.

Während ich ihn malte, bat er mich um Geduld, sowohl in der Malerei als auch in meinem Leben. Er bat mich auch, die Musik zu wechseln, die ich im Moment hörte. Anstelle der Meditationsmusik bat er mich, klassische Musik (von 1700 - 1900) von Beethoven, Haydn oder Boccherini aufzulegen. Nachdem ich die Musik gewechselt hatte, ging mir meine Arbeit viel leichter von der Hand.

Einige Monate später offenbarte er mir, dass unsere Freundschaft aus unserer gemeinsamen letzten Inkarnation in Indien im vorigen Jahrhundert herrührte.

Lord Kuthumi gehört zu dem zweiten Strahl der Bruderschaft der Goldenen Robe. Er wird auch „Weltenlehrer" genannt. Er arbeitet im Tempel der Erleuchtung im ätherischen Bereich über Kaschmir.

Hier einige seiner Inkarnationen :

Pythagoras (griechischer Philosoph, 500 Jahre vor Christus), der Jünger Johannes (Johannes Evangelium) und der Heilige Franz von Assisi (1182-1226). Als letzte Inkarnation war er in Indien, er studierte auch an der Universität in Oxford und war Mitgründer der Theosophischen Gesellschaft.

Seinen Aufstieg hatte er 1889 in Indien.

Nachstehend folgt eine Botschaft von Lord Kuthumi
übermittelt durch Andrew Whalley

Ich Bin Kuthumi. Ich bringe Euch heute eine freudige Botschaft, meine Lieben. Eine Botschaft, die Licht in Euer Leben bringt und Euch auf Eurer Reise in das Licht stärken soll. Es ist das Licht Eures Hohen Selbst, Eurer wahren Identität.

Heute möchte Ich über die Wahrheit sprechen. Einer Wahrheit, die Euch frei machen soll.

Wenn Ihr nach der Wahrheit sucht, dann findet Ihr das Loslassen und die Freiheit von der Begrenzung, von allem was war und was Euch begrenzt hat. Der Glaube ist auch sehr eng mit der Wahrheit verbunden, denn wenn man die Wahrheit erkannt hat, ist oft der Glaube erforderlich, um den kosmischen Sprung nach vorn zu machen und dabei die Wahrheit in Eurem Leben zu verwirklichen. Dieses Streben und Suchen nach der Wahrheit ist grundlegend für Eure Arbeit.

In Eurem täglichen Leben sucht Ihr immer neues Verstehen. Das ist ein fortlaufender Prozess. Und wenn Ihr dem Unbekannten gegenüber steht und Euch auch in Eurem Leben unsicher seid über den einzuschlagenden Weg oder was Ihr tun sollt und wie Ihr es tun sollt – dann müsst Ihr um so stärker die Wahrheit und den Glauben benutzen.

Die Wahrheit die Ihr suchen werdet, liegt in dem Wissen, dass Ihr Göttliche Wesen seid, und dass eine Ebene in Euch alle Antworten für Euch beinhaltet. Dies ist die einzige Sicherheit um die Wahrheit zu finden.

Ihr könnt nach Anhaltspunkten oder Führung außerhalb von Euch suchen, letztendlich jedoch ist Eure eigene Wahrheit, Euer eigenes Schicksal und Euer eigenes Erwachen, *Euer eigenes Wissen*.

So ermuntere ich Euch, die Wahrheit zu suchen, wenn Ihr in Eurem Leben an einer Kreuzung steht. Folgt nicht der Wahrheit anderer und hängt nicht Eure Hoffnung und Euren Glauben an etwas, das außerhalb von Euch liegt.

Seid mutig. Sucht die Antwort in Euch und wenn Ihr Euren Fokus und Euren Mut behaltet und mit dem Gottvertrauen arbeitet, werdet Ihr die Wahrheit realisieren und Euren Weg vorwärts gehen. Es ist der beste Weg, den Ihr gehen könnt, selbst wenn Ihr etwas falsch macht und meint, eine falsche Entscheidung getroffen zu haben. In Wirklichkeit aber gibt es keine falschen Entscheidungen. Ihr werdet ganz schnell merken, dass Ihr nicht auf der leichtesten und harmonischsten Spur seid und werdet Eure Richtung ändern und einen neuen Weg vorwärts finden.

Es ist an der Zeit, dass die Menschen aufhören, die Lösung ihrer Probleme außen zu suchen und darauf vertrauen, dass andere, Institutionen, Regierungen und Organisationen, ihre Probleme lösen werden. Es ist an der Zeit, dass die Menschen nach Innen schauen, um sich zu entwickeln, zu erziehen und endlich zu begreifen, dass die Wahrheit in ihrer eigenen Göttlichkeit wie ein scheinendes Licht liegt. Dieses Licht wird dann immer heller und stärker und führt zur Freude, zur Erfüllung, zu einer Vollständigkeit zur Einheit von Allem-Was-Ist.

Es war mir eine große Freude heute mit Euch zu sprechen.
Folgt der Wahrheit mit dem Gottvertrauen und Ihr werdet Euren Weg finden. Wir werden bei Euch sein. Zusammen machen wir keine Fehler. Bleibt in Frieden. Ich verlasse Euch nun im Licht, in der Strahlung. Wisset, dass Ich immer EINS mit Euch bin.

ICH BIN Kuthumi, Euer Bruder im Licht.
Adonai

Lord Monka

Lord Monka erschien mir während der Meditation.

Zunächst einmal zeigte er sich aus einer gewissen Entfernung, in einem großen blauen Saal, wie in einem Schloss. Er saß auf einem Stuhl und ich konnte nur sein Profil und seinen Körper sehen. Er trug eine blaue Jacke und eine weiße eng anliegende Hose.

Ich gab dieser Erscheinung keine besondere Bedeutung, denn ich glaubte, dass es sich hierbei um König Ludwig II. von Bayern handelte. Er sah in der Tat so aus.

In einer zweiten Meditation zeigte er sich wieder und diesmal drehte er sich nach mir um und kam auf mich zu; er sagte: **„ICH BIN MONKA".**

Wieder einmal musste ich Geduld und Ausdauer aufbringen. Ich versuchte ihn mit dem Overall eines Außerirdischen zu malen, er aber teilte mir telepathisch mit, dass er keine außerirdische Uniform trage, sondern diese eine Jacke und er zeigte mir auch gleich seine Brosche oder sein Symbol: ein sechszackiger Stern mit einem Rubin in der Mitte und ein weiß-goldenes Kreuz.

Er sagte mir, dass Karma eine Phantasie sei und dass die Menschen dieses in mehreren Leben in der dritten Dimension erschaffen und sammeln. Das Karma dauert solange und oder kommt zu anderen dazu, wie der Mensch den Gott in sich selbst nicht wahrnimmt.

Und *„GOTT IST DIE LIEBE UND IN DER LIEBE GIBT ES KEIN KARMA!"*

Wer ist Lord Monka?
Aus dem Buch: „In Erdenmission", von Tuella, Ventla Verlag Nachf.

Der Regierungssitz unseres örtlichen Sonnensystems befindet sich auf dem Planeten Saturn, dem das Saturnische Konzil vorsteht. Lord Monka repräsentiert nicht nur unser Sonnensystem bei der höheren Galaktischen Konföderation, sondern er agiert auch als Vertreter des Planeten Erde beim Saturnischen Konzil, da wir selbst in unserer spirituellen Entwicklung noch zu weit zurückliegen, um einen eigenen Repräsentanten stellen zu können.*)

Es folgt eine Botschaft von Lord Monka
gegeben über das Medium Tuella
Aus dem Buch: „Weltbotschaften für dieses Jahrzehnt", Ventla Verlag Nachf.

Wir müssen eingeladen werden

Tuella, jetzt spricht Monka. Ich grüsse Dich, Kind des Lichtes. Ich bin Monka, der Bewacher und Vertreter der Erde an den großen Gerichtshöfen. Ich bin interessiert an der Verknüpfung zwischen irdischen Seelen und Euren Freunden aus dem All, die als Vermittler zwischen der Erde und den höheren Räten dienen. Ich sage Euch dass es unumgänglich ist, solche Kontakte aufzubauen, bevor die großen Katastrophen eintreten.

Der Versuch, zum Zeitpunkt der Rettung noch rasch Kontakte anzubahnen, könnte zu schwach und zu spät sein. Jetzt ist die Zeit, gemeinsame Kraftfelder, die verträglich sind, für ein zukünftiges Leben aufzubauen und sich einzustellen auf ein gemeinsames Handeln. Eure Schwingungen müssen angehoben werden auf Frequenzen, die sich mit unsern höheren Energien ohne Stress auf beiden Seiten vermischen können. Die größte Harmonie kann erreicht werden durch eine gründliche Bemeisterung Eures emotionalen Gleichgewichtes. Eine größere Stabilität in der Gedankenebene, erreicht durch eine mentale Kontrolle, die Ihr Euch angewöhnen müsst, baut die höhere Frequenz auf, die notwendig ist, um die Beziehung und eine größere Anziehung zwischen uns zu ermöglichen.

Ihr seid von anderen gewarnt worden, dass der Faktor der Frequenz einen Schock mit sich bringen kann, wenn Ihr unsere Raumschiffe besteigt. Menschliche aurische Energiefelder müssen in Harmonie mit der Göttlichen Liebe und der universellen Bruderschaft sein. Dies ist die Frequenz der Raumbrüder. Dieser Mangel an emotionaler Ausgeglichenheit stellt bei der Vorbereitung für das Einsteigen in unsere Schiffe und für den Genuss der Kameradschaft mit uns das größte Problem dar.

Bereitet Eure niederen Körper für die Ausrichtung auf die neue Energiedichte, die jetzt Eure Atmosphäre betritt, und das Leben im New Age, sowie auf die Konfrontation mit uns in unseren UfOs vor. Deshalb muss man *jetzt* beginnen, absolute persönliche Kontrolle über alle negativen Emotionen und Gefühle zu erlangen. Sonst fällt die individuelle Frequenz unter jene Ebene, die für den Kontakt mit uns notwendig ist. Wir können Euch nicht zwingen, diesen Kontakt mit höheren Kräften zu begehren.

Wenn jedoch einmal dieser Wunsch in Euch gekeimt ist, können wir mit unseren befähigenden Strahlen und Kraftfeldern um den menschlichen Körper reagieren. Dies stimmt das Verlangen Eurer Seele auf die Wünsche, die wir für einen geistigen Kontakt mit Euch hegen, ab. Durch die zunehmende Gewöhnung an unsere Gegenwart und unsere Durchdringung Eures Denkens, wird es für mehr und mehr Menschen einfacher, uns anzuerkennen und unsere Hilfe herbeizusehnen.

Für die Erdlinge ist es wichtig sich bewusst zu sein, dass wir in ihre Schwingungsmuster eingeladen werden müssen.

Ohne Eure Erlaubnis haben wir unter universellem Gesetz nicht das Recht, mit unserer Gegenwart in Eure Leben und Frequenzen einzudringen. Diese Tatsache sollte bekannt gemacht werden. So werden alle verstehen, dass die Vertreter des Sonnenkreuz-Bundes im verborgenen darauf warten, helfend einzuspringen, um die Menschheit zu unterstützen, zu belehren und zu ermutigen. Aber wir müssen eingeladen werden. Wir müssen in Euer Denken, in Eure ruhigen Momente und in Eure Gebete hineingerufen werden. Nur dann können wir unsere Frequenzen hin zur Verträglichkeit und zur Zusammenarbeit in der Mission, die vor uns allen liegt, verändern.

Ich bin ein Veteran dieses Programms und habe alle meine Energien für den zunehmenden Erfolg investiert. Mein Herz und meine Seele habe ich der Erhebung der Menschheit und der Verbesserung des Lebens auf der Erde, sowie der Vereinigung aller Planeten in einer Konföderation der Friedens und des guten Willens gewidmet. Dies sind nicht nur meine Ziele, sondern auch jene aller anderen Mitglieder der Weltall-Tribunale. Sie stehen bereit, die Gerechtigkeit auf dem Planeten zu fördern.

Im Himmel hat eine große Reinigung stattgefunden. Die Kräfte, die versucht haben, die Pläne der Höheren für die Erlösung der Erde und ihrer Einwohner zu vernichten - wenn dies überhaupt möglich wäre -, sind beschnitten worden. Wir können Euch mitteilen, dass die große Aufräumungsaktion durch die gesamte Raumkonföderation eben vollendet worden ist. Die Himmel stehen jetzt bereit zur Ausübung einer vereinten Aktion gegen die Herausforderungen, die auf die Erde zukommen. Jetzt wird ein neues Programm gestartet, das durch die Strahlung des 7. Strahles auf die Erde ein gemeinsames Vorgehen zur Reinigung der irdischen Schwingungen und Energiefelder in die Tat umsetzen wird.

Erwartet deshalb eine Verdichtung Eures eigenen elektromagnetischen Feldes. Sie wird in Euch eine Empfindlichkeit für die Emotionen, die Eure geistige Anpassung und Entwicklung stören, wachrufen. Dadurch werdet Ihr auf emotional gefärbte Situationen aufmerksamer werden und Euer Verhalten sinnvoll anpassen. Euer Bewusstsein wird der Schwächen des Gefühlslebens besser gewahr werden.

Ihr werdet lernen, diese Schwächen zu überwachen und zu meistern. Tretet mit gutem Willen in diese Reinigung Eurer Seele ein. Alle Bereiche der Schöpfung auf Erden und der Planet selbst werden diese Reinigungsphase gleichzeitig erleben. Horcht auf die leise Stimme des Herzens und des Gewissens.

Fliegt mit der zusätzlich gespendeten Energie hin zu einem spirituellen Leben. Diese Einflüsse haben schon zu wirken begonnen. Diejenigen von Euch, die sich für den Dienst im Licht verpflichtet haben, werden sich so fühlen, als ob sie in Siebenmeilenstiefeln gehen würden. Die andern, die sich dem

Licht widersetzen, werden von den Frequenzen des Lichtes bezwungen werden. Sie werden in eine andere Dimension außerhalb des Lichtes versetzt.

Bald werdet Ihr Euch darum bemühen, perfekt zu werden; sogar solche, die nie daran gedacht hatten. Das Verlangen nach Vervollkommnung ist ein natürlicher Charakterzug für jene, die sich mit gutem Willen dieser Aktion anschlossen, und große Gnade empfangen werden. Sie wird durch ihr ganzes Leben hindurch anhalten. Gottes Gnade muss gesucht werden. Seine Gegenwart muss herbeigesehnt werden. Heute ist der Tag, an dem Ihr mit den Vorbereitungen auf jene Zeitspanne beginnen sollt.

Ich spreche für alle, die am intergalaktischen Weltraumprogramm mitarbeiten. Wir lassen unsere Strahlen in brüderlicher Liebe auf alle Lichtarbeiter fallen. So wird ein Gleichgewicht, das alles an seinem Ort, wo es hingehört, halten wird, entstehen. Die Liebe des Vaters und die Nächstenliebe kann die Erde für alle Zeiten an ihrem Platz festhalten. Wenn eine genügend große Zahl von Seelen auf der Erde mit großer Kraft in der Frequenz dieser Liebe schwingt, kann dieser Übergang, der ein neues Zeitalter (New Age) und einen neuen Zyklus einläuten wird, rechtzeitig und glatt verlaufen. Nur so wird an die Menschheit nicht eine all zu große Anforderung der Anpassung gestellt werden müssen. In diesem Jahrzehnt müsst Ihr an diese angeführten Dinge denken.

Im Lichte des Strahlenden bin ich MONKA

LADY VENUS

Wie fast alle anderen Meister(innen), zeigte sich mir Lady Venus in der Meditation. Sie erschien mir auch in einer zweiten Meditation wieder und gab mir einen Schlüssel als Symbol. Die Tür dazu befand sich hinter einem Vorhang, und ich sollte diese Tür öffnen. Dann folgte eine ihrer Botschaften:

"Ich beobachte, dass viele einen Gott erwarten, der ihnen sagen soll, was sie zu tun haben oder sein sollen. Viele von uns, die Ihr als Meister(innen) kennt, hatten ein oder mehrere Leben auf dem Planeten Erde oder anderen Planeten. Wir hatten die gleichen Schwierigkeiten mit denen Ihr auch zu tun habt. Wir alle sind da, um denen, die es wünschen, zu helfen. Wir sind jedoch keine Gurus, wie Ihr sie auf der Erde kennt.

Wie Jesus auch schon in der Heiligen Schrift sagte: 'Gebt den Menschen keine Fische, sondern lehrt sie zu fischen.' Versteht doch: Nicht der Fisch oder das Fischen ist es - die nur ein Symbol darstellen - die Euch wieder nachhause bringen dorthin, von wo Ihr kommt, *sondern der Kontakt mit Euch selbst.*

Dies lehren wir Euch schon seit langer Zeit, aber es scheint, dass viele unsere Botschaften nicht verstanden haben. Alle suchen einen Guru und leben in dessen Schatten. Alle Botschaften werden durch die Menschen filtriert und viele sagen: 'Hier ist Christus!' Sie verstehen nicht, dass Christus doch in ihnen selbst wohnt. Sie werden nicht erwachsen und wollen auch nicht erwachsen werden, denn die Verantwortung ist ihnen zu groß. Sie bitten weiter um Fische und wollen nicht selbst fischen.

Es ist traurig festzustellen: selbst nach 2000 Jahren hat sich kaum etwas geändert!

So gibt es keine Daten für große Katastrophen noch für die Evakuierung, sie kamen und kommen ohne Voranmeldung.

Wie Jesus bereits sagte: "**Vom Feigenbaum aber lernt das Gleichnis: Wenn sein Zweig schon saftig wird und die Blätter treiben, erkennt Ihr, dass der Sommer nahe ist. Ebenso sollt auch Ihr, wenn Ihr dies kommen seht, erkennen, dass der Menschensohn nahe ist an Euren Türen**".

Vergesst nicht: er kommt wie ein Dieb in der Nacht, wenn ihn niemand erwartet.

Vergesst die Gurus, die Ihr aus Bequemlichkeit sucht. Findet Gott den Vater in Euch und macht keine Panik, denn Seine Liebe ist für alles Leben, für Tiere und für die Natur da.

Gott ist die Liebe! Wenn Ihr diese Essenz nicht in Euch findet, wie wollt Ihr dann weiterleben, wenn die Gurus nicht mehr da sind?"

Anerkennung der Frau von der aufgestiegenen Meisterin Venus
Aus" Weltbotschatten für dieses Jahrzehnt", Ventla Verlag Nachf.

Guten Abend, meine Schwester. Ich grüße Dich im Lichte des Geliebten. ICH BIN Meisterin Venus. ICH BIN die Göttliche Ergänzung zu Sanat Kumara, dem Lord unseres Planeten. Ich komme von der Venus zu Dir und bringe Dir unsere Strahlung der Liebe und der Segnungen. ICH BIN vom geliebten Lord

Kuthumi eingeladen worden, mich an seiner Bemühung um die Publikation seines unerschütterlichen Buches zu beteiligen. Also lass ich meine Energien da hineinfließen. Ich tue mich mit ihm und allen, die hier referieren, zusammen, um einen Lichtwirbel zu erzeugen, der in dieser Zeit auf Eurer Ebene sichtbar werden soll. Mit meinen Worten sende ich Energie von unserem Planeten, die in den Herzen der Menschen Liebe und Licht materialisieren wird.

Zu dieser Stunde bringe ich den Frauen des irdischen Planeten die Führungnahme der höheren Oktaven der Venus. Ich hauche der Weiblichkeit den göttlichen Mut ein, den sie benötigen werden in diesem schicksalschwangeren Jahrzehnt. Es scheint, dass die Frau in den finstersten Stunden der Prüfungen und Nöte erhoben wird in ihrer Unterstützung als Trösterin. Die wunderbare Milde der Mütterlichkeit und Kameradschaft wird in Krisenzeiten verstärkt. Die Zärtlichkeit, die aus ihrem eigenen inneren Glauben stammt, strömt auf alle im Kreise ihrer Vertrauten. Die Kinder und Väter schauen auf die Mütter und erwarten die besondere Art von Göttlicher Führung, die sich nie missen lässt, wenn sie benötigt wird. Ich spende eine spezielle Gabe der Liebe und Heiterkeit für die irdischen Frauen, um sie zu führen und zu unterstützen, denn sie leisten anderen Hilfe, wenn Unterstützung am meisten Not tut. Herzen, die sich auf die Realität jenseits des Zeitlichen berufen, um Antworten zum Problem "Leben" zu finden, erhalten einen Strahl aus meinem eigenen Wesen. Es ist das Vertrauen, das diese Lichtwesen erhalten wird, wenn sie in diesem Jahrzehnt zu Säulen der Kraft werden.

Vielerlei Art sind die Probleme, die Eure Welt heimsuchen werden. Wir würden sie wegwischen, wenn dies möglich wäre. Aber alle sehen, dass Ihr vorwärts schreitet und unerbittlich Eurer großen Erfüllung zustrebt. Das gesamte Sonnensystem muss fortschreiten. Veränderungen müssen eintreten; so wie sie sich auf anderen Planeten schon ereignet haben, werden sie auch bei Euch geschehen. Alle müssen jedoch gemeinsam fortschreiten, keiner darf hinten nachhinken oder gar andere hemmen. Solcherart muss der Fortschritt kommen auf der geliebten Erde. Die Änderungen werden Euch Eure Herrlichkeit bringen. Dann kann das Sonnensystem sich auf seinem Pfad des Lichtes weiterbewegen.

Lasst die Frauen die Kinder um sich versammeln und ihnen, wenn all dies geschieht, mit Worten der Liebe erklären, dass sich Liebe zeigen wird, um eine bessere Welt zu bringen. Ein neues Zeitalter wird um ihretwillen erstehen, und sie werden die neuen Führer sein. Stärkt den Glauben Eurer Männer. Weiht sie milde ein in die Tatsache der Existenz anderer Welten und der Engelscharen.

Häufig finden die Männer auf Eurem Planeten keine Zeit oder ausgedehntere Gelegenheiten, spirituelle Forschungen und Ziele zu verfolgen. Eine liebende Partnerin, die Zeit dazu finden mag, kann neue Einsichten aufsaugen und sie dann in ruhigen Momenten mitteilen. In der ruhevollen Atmosphäre zu Hause kann demnach einer, der täglich in die drückende materialistische Welt draußen gehen muss, spirituell erhoben und beschwingt werden durch den Einfluss seiner liebenden Kameradin.

Es gibt wirklich wenig Zeit für geistige Erfrischung in Eurer Welt, die mit solcher Hast und im Wirrwarr in den alltäglichen Angelegenheiten voranschreitet. Viele Frauen müssen sich in der heutigen Arbeitswelt auch in den Strom des Materialismus hinausstürzen. Aber die Seele der Frau ist von Natur aus der Herzensweichheit und der Freundlichkeit der Liebe sowie einer intuitiven Kenntnis dessen, was richtig ist, zugeneigt. Deshalb kann eine Frau auch außerhalb des heimischen Milieus, umgeben vom Reiche Mammons, ihre feinen Einflüsse zum Gleichgewicht bei der Durchdringung der starren Atmosphären der Negativität ausstrahlen.

Seid besorgt darum, dass Euch die Umstände und Notwendigkeiten des Lebens nicht überwältigen und Euer weibliches Gut zunichte machen. Ihr seid Frauen und als solche schöne Kanäle für die Erfüllung der Göttlichkeit in Eurer Welt. Die Natur Eurer Berufung und Verantwortlichkeit als Frauen statten Euer inneres Wesen mit einer triumphierenden Bewusstheit und Aufnahmefähigkeit aus. Das **Christus-Bewusstsein findet einen angenehmen Ausdruck** in der Sanftmut der Frauen.

Da Ihr Euch einer Krise in der planetaren Evolution nähert, werden die Frauen berufen sein, als Türme der Stärke und Ruhe zu stehen. Die Zeit ist gekommen, da Ihr Eure innere Zitadelle vorbereiten müsst, indem Ihr stärkeren Glauben, bessere Abstimmung auf die höheren Wesenheiten und eine tiefere Hingabe an den himmlischen Vater auf Euch magnetisiert. Die Herausforderungen, die vor Euch liegen, werden ein geistiges Durchhaltevermögen verlangen, das das Resultat einer ununterbrochenen Anwendung spirituellen Gesetzes ist.

Die Frauen werden in ihren Haushalten die Hände und die Stimme von Christus sein müssen. So wie die Mütter dieser Welt Vorräte und Nahrung für ihre Familien beiseite schaffen werden, nachdem die betreffenden Anweisungen ausgegeben worden sind, möchte ich bitten, dass sie in ihrem inneren Lagerhaus auch mehr Glauben und Segnung unterbringen. Das geheime Gebetszimmer, das wegen des Druckes der Umwelt vernachlässigt worden ist, muss als Ritual von lebenswichtiger

Bedeutung wieder eingerichtet und getreulich unterhalten werden. Die Gebete der Frau können ein Kraftfeld um das Heim aufbauen, in welchem Gottes Engel absteigen können, um ihren Schutz zu bringen.

Baut ein Energiefeld von Licht um Eure private kleine Welt. Auf Eure Anrufungen himmelwärts werde ich mit meiner Präsenz und Vibration antworten. Ich sende allen Frauen die Ausstrahlungen meiner Liebe.

Meisterin Venus

Adonis
der „Logos" des Planeten Venus

In der Meditation wurde ich in ein Raumschiff eingeladen. Dort fand mein erster Kontakt mit Adonis statt.

Er trug langes, bis auf die Schulter blondes und loses Haar und einen weißen Overall als Uniform. Der Stoff dieser Kleidung sah aus wie Gummi aber war auch weich wie Flanell.

In dem Raumschiff gab es kein Licht an der Decke, sondern es strahlte von überall her. Die Möbel waren alle rund, nichts war eckig.

Die nächste Begegnung mit ihm fand in einer Art Tempel statt, alles sah aus wie blauer Marmor mit hohen Säulen; er stand in der Mitte und war wie ein Priester bekleidet. Er erschien und ging auch wieder durch ein Tor hindurch.

Das Bild wurde ohne mein Zutun gemalt. Während der Arbeit entschwand mein Bewusstsein und als ich wieder zu mir kam, lag das Bild fertig vor mir.

Der dunkelblaue Streifen auf dem Bild links oben stellt das Tor dar, durch das Adonis kam und wieder ging.

Adonis war der Lehrer von Sanat Kumara, dem Logos unseres Planeten.

Hier ein Auszug aus seiner Botschaft an das Medium Inge Lang
(Sri Yukteswar Studienprogramm, Herausgeber Rudolf Schürz)

Stellt mehr Zeit zur Verfügung, in höhere Ebenen einzutauchen in der Meditation, damit Eure Lehrer Euch der Erleuchtung entgegenführen können. Was Ihr dadurch erreicht, ist in der vierten Dimension Realität für Euch, eine Realität, die jetzt noch außer Eurer Vorstellungsmöglichkeit liegt. Diese Zeit der erhöhten Einstrahlung aus höchsten Ebenen auf Eurem Planeten birgt spirituelle Entwicklungsschübe in sich, die nur voll wirksam werden können für Euch, wenn Ihr in einem höheren Bewusstseinszustand - in der Meditation - Euch dafür bereit macht.

Mentale und mediale Kontakte müssen dadurch erweitert werden, Kanäle geöffnet, die dann erst dem Reinigungsprozess in den meisten Fällen unterzogen werden müssen, und das braucht etwas Zeit, wenn auch dies stark beschleunigt wird in dieser Epoche der Wandlungen.

Ihr seid im Visier der geistigen Welt, im Tages- wie im Nachtbewusstsein, in dem wir für Euch Realität sind, die Ihr erfassen könnt. Ihr seid Helfer des Himmels und der Erde, und Euer Planet braucht Eure Liebesstrahlung in dem Meer von Dunkelheit das ihn umgibt, er fühlt sie mit seinen Organen, so wie Ihr fühlt, wenn Euch Liebe zugewendet wird. Die Aufgabe, die Ihr übernommen habt aus freiem Willen, ist sehr viel weitreichender und überschreitet um ein Vielfaches den irdischen und spirituellen Grenzbereich, den Ihr zur Zeit überblicken könnt.
Die göttliche Liebesschwingung vereint uns, wir sind göttlichen Ursprungs, und wir dienen auf verschiedenen Ebenen dem gleichen Ziel, Seine Liebe auszustrahlen in Seine Welten.

In Liebe Adonis

Saint Germain
Die leuchtenden Augen

Er erschien mir in einer Meditation: Sein Wesen war sehr beeindruckend, edel und majestätisch mit seiner weißen leuchtenden Kleidung und seinem blauen Mantel. Seine Augen waren das Bedeutendste in seinem Gesicht, sie machten am meisten aufmerksam, denn sie waren von einem ganz hellen Blau und schienen wie zwei Leuchten. Als ich ihn sah, dachte ich zuerst, er sei Jesus Christus. Ich fragte ihn und er antwortete mir, er sei Saint Germain, aber er wisse von seiner Ähnlichkeit mit Jesus und dass ihn sehr viele mit diesem verwechseln würden.

Er hilft zu neuem Bewusstsein auf dieser Erde, das Dreieck ist sein Symbol und das neue Bewusstsein soll nicht nur eine einfache Änderung der Gewohnheiten sein, aber viel mehr, dass der Mensch seine Welt anders wahrnimmt, wenn er sie mit den Augen der Liebe erblickt. Dann verschwindet die Sünde und die Ketten werden gesprengt; er befreit sich und befreit seinen Nächsten.

Was den Menschen vergiftet ist nicht das, was er in seinen Mund aufnimmt, sondern das, was aus diesem und aus dem Herzen herauskommt.

„Tragt nicht neue Kleider um die Fetzen, die Ihr benutzt zu verstecken, sondern transformiert diese Fetzen in Lichtkleider."

Hier einige seiner sehr zahlreichen Inkarnationen:

Prophet Samuel (11. Jahrhundert vor Christus), Joseph von Nazareth (der Mann von Mutter Maria), Saint Alban (3. Jahrhundert in England), der griechische Philosoph Proclus (411-485), der Zauberer Merlin bei König Arthus in Camelot, Christopher Kolumbus, Christian Rosenkreutz in Deutschland (14. Jahrhundert), Gründer des Ordens der Rosenkreuzer, Francis Bacon (1561-1684 Philosoph und Schriftsteller in England, und Graf Saint Germain in Frankreich.
Seinen Aufstieg hatte er im letzten Jahrhundert.

Er ist Hüter der Violetten Flamme, die Flamme der Transformation. Ihm unterstehen zahlreiche Engelscharen und Naturgeister.

Hier folgt eine Botschaft übermittelt durch Edwyn Courtenay
" White Rabbits", 2 .Rundbrief der Aufgestiegenen Meister. Aus "Die Adler" Nr. 1/97

Der Spirituelle Weg, den die Menschen beschreiten, beinhaltet weit mehr als gemeinhin von den meisten Menschen verstanden wird. Es ist in der Tat eine Reise zur eigenen Kraftfindung und zur Selbst- Entdeckung, es ist eine Reise, bei der die schlafenden spirituellen und übersinnlichen Fähigkeiten im Innern erweckt werden, die von jedem Menschen gebraucht werden können, sowohl um sich selbst wie auch anderen zu helfen, die höchste Wahrheit über ihre eigene Göttlichkeit und ihr göttliches Erbe zu finden. Es ist eine Reise, die zur Weisheit und Aufklärung über das wahre Wesen des Universums führt und es für jeden möglich macht, die Wahrheit und auch die gegenwärtige Illusion der Realität zu sehen, damit jeder sein Bestes tun kann, letzteres in ersteres zu verwandeln.
Die Spirituelle Reise ist voller Vergnügen, Lachen, Liebe und Licht, aber auch voller Angst und Furcht, Schmerz und Kummer, Enttäuschung und Bangigkeit. Seht Ihr, die Spirituelle

Reise ist eine Reise der Selbst-Heilung, es ist eine Reise, bei der jeder Aspekt einer begonnenen Transformation, jede entdeckte Gabe, jede gewonnene Erkenntnis eine direkte makrokosmische Spiegelung dessen ist, was im Innern des Mikrokosmos des einzelnen vor sich geht. Die Spirituelle Reise ist eine wundersame Möglichkeit für jeden, herauszufinden, welcher Teil von ihm nicht im Gleichgewicht ist, und kraft seiner Fähigkeit, die Wahrheit bewusst zu verstehen, das jeweilige Ungleichgewicht zu korrigieren und Harmonie und Gesundheit im Innern herzustellen.

Die Spirituelle Reise ist ein Zyklus, den man immer wieder von neuem betritt. Der Zyklus beginnt mit Inspiration, Vernarrtheit, Motivation und Besessenheit. An diesem Punkt findet der suchende Geist etwas Neues, das ihn fasziniert und gefangen nimmt und das er verschlingen kann, und in seinem Herzen wird eine Saite angerührt und sanft zum Klingen gebracht, die bis dahin im Verborgenen ruhte; und es ist als ob der Geschmack von süßestem Wein geweckt wurde, damit die Seele ihren Hunger entdeckt nach mehr und immer mehr.

Dies ist wahrhaftig eine höchst aufregende Zeit, voller hochfliegender neuer Erfahrungen und neuer Gedanken, eine Zeit großer Inspiration und Freude, da die Seele in der äußeren manifesten Wirklichkeit, in der sie lebt, Dinge bestätigt sieht, die sie lange schon fühlte, aber nicht in Sprache umsetzen oder in Beziehung zu anderem setzen konnte.

Im zweiten Stadium stellt sich eine Beschleunigung ein, in der die Umstände sowohl außerhalb wie innerhalb des Menschen sich zu einer kataklysmischen Explosion von 'Zufällen' und erstaunlichen Wundern und Ereignissen zusammenfügen. Hier beginnt der Mensch, eine spirituelle und übersinnliche Entwicklung und Manifestation in kleinerem oder größerem

Maße zu erfahren, und diese Begebenheiten inspirieren den Menschen weiter und verstärken seinen Hunger.

Er eilt in voller Fahrt auf dem Weg dahin und begrüßt jede Erfahrung, die sich ihm bietet, mit Begeisterung. Er erlebt die Welt als einen wundersamen Ort voll spiritueller und miteinander in Beziehung stehender Ereignisse, und sein Glaube schnellt zu neuen Höhen empor. Er erlebt eine ungeheure Intensität des Glaubens und eine herrliche Übereinstimmung mit der Welt, in der er lebt. An diesem Punkt besteht die Gefahr, dass er so leidenschaftlich beseelt ist von allem was er sieht und tut, dass es ihn drängt, seine neu entdeckten Erkenntnisse jedem zu predigen, der seinen Weg kreuzt, egal ob diese Menschen bereit sind, diese Informationen zu hören oder nicht.

Dies ist auch die Zeit, da das verführerische Licht so stark wird, dass er alte Pfade, alte Freunde und bisherige Mitglieder seiner Familie verlassen wird, um sich ganz seinem Hunger nach spiritueller Wahrheit zu widmen. In dieser Zeit ist Ausgewogenheit von höchster Bedeutung, und Gleichgewicht wird zum erwünschten und notwendigen Fundament und Erfordernis.

Als nächstes kommt eine Verlangsamung dieser Ereignisse, eine natürliche Ausgeglichenheit und Harmonie, in der der Mensch mit diesen spirituellen Begebenheiten wohl vertraut wird und sich ruhig aufgehoben fühlt in der Weisheit, die diese ihm vermittelt haben. Dies ist ein höchst wertvoller und nutzbringender Abschnitt, in dem er alle Erfahrungen und Kräfte, die er bisher gesammelt hat, nutzen kann, um jenen zu helfen, die sich wirklich von seinem Weg und dem Licht, das er ausstrahlt, angezogen fühlen. Dies ist der Zeitpunkt, an dem der Mensch wertvoll wird für das Universum und in Übereinstimmung mit dem Strom des Göttlichen handelt.

Nach einiger Zeit betritt der Mensch einen Bereich, der als Plateau bekannt ist. An diesem Punkt lebt er nicht mehr vorwiegend von Situationen und Begebenheiten, sondern er bewegt sich einfach weiter und fühlt sich gleichermaßen spirituell stimuliert wie im vergangenen Zeitraum, der ihm nun schon wie eine Ewigkeit vorkommt, und er dürstet nun nicht mehr beständig nach neuer Nahrung. Hieran schließt sich nur allzu bald eine Zeit an, die als 'tiefe Nacht der Seele' bekannt ist, wenn der Mensch der nun nicht mehr mit Neuern gefüttert wurde die Dinge, die er sich angeeignet hat, infrage zu stellen beginnt. Er beginnt, die gemachten Erfahrungen zu vergessen und die Dinge wahrzunehmen, die ihm angeboten wurden, sich aber nicht erfüllt haben, die Versprechen, die er sich selbst gegeben oder die das Universum ihm gegeben hat, die dahinwelkten und starben und sich nicht manifestierten in seinem Leben.

Je tiefer er hineingeht in diese dunkle Nacht der Seele, desto mehr stellt er seinen eigenen Glauben infrage, seine Gedanken und das Universum um ihn her. Immer weiter geht er auf der Spirale abwärts, auf dem absteigenden Bogen der Depression und Verlassenheit, und er ist wie abgeschnitten von dem Gewebe seines spirituellen Verständnisses und vom göttlichen Licht selbst, das die Kraft hätte, ihn weiter zu nähren mit dem, was er braucht und benötigt, und ihn befreien könnte von dieser herabziehenden Mutlosigkeit.

Diese Periode der Dunkelheit geht unweigerlich einer neuen Periode des Lichts voraus, es ist das Chaos vor dem Beginn der neuen Ordnung, es ist eine essentiell wichtige Zeit, in der der Mensch mit realistischem Blick betrachtet, was er gewonnen hat, und da es ihm hoffentlich möglich ist, das Positive aus den Erfahrungen, die er gemacht hat, herauszufiltern. Zu dieser Zeit - im allgemeinen, wenn der Mensch den dunkelsten Punkt erreicht hat -wird ihm von einem Führer, sei dieser immateriell oder materiell, ein hell leuchtendes Licht gezeigt, das ihn wie eine helfende Hand vom schwarzen Abgrund zurück reißt und in das Licht Gottes zurück bringt und ihn mit einer Explosion von Energie versorgt, die er benötigt, damit er sich nicht nur von der Dunkelheit sondern auch vom Plateau selbst befreien kann und genügend Energie besitzt, um sich auf die nächste Ebene des Verstehens zu schwingen, das seine nächste Entwicklungsstufe für ihn bereithält.

Hier beginnt der Zyklus und das Muster von neuem.

Und so geht es immer weiter ad infinitum, bis der Mensch ein bestimmtes Stadium der Meisterschaft erreicht hat, da er diese Zyklen und Phasen selbst erkennt und sich daher selbst davon befreien kann, in diese dunklen Augenblicke des Zweifels einzutreten; und es wird ihm klar, dass diese Bestandteile des Zyklus unnötig sind und vermieden werden können, wenn der Mensch den Plateau-Zustand zur Kenntnis nimmt und die Inspiration und Energie findet, sich von dieser Schwingungsebene zu befreien, um zu einer neuen Ebene bewussten Verstehens aufzusteigen.

Seht Ihr, Gleichgewicht ist nicht der Weg der Evolution. Es war immer in den verschiedensten Kulturen der ganzen Welt bekannt, dass Gleichgewicht zwar Stabilität und Stütze für die menschliche Psyche mit sich bringt, gleichzeitig aber auch spirituelle Evolution und Wachstum zum Stagnieren bringt. Die Druiden prägten den Ausdruck 'Kreatives Ungleichgewicht', eine Technik, die Anwendung fand, wenn irgendeiner innerhalb ihrer eigenen Bruderschaft einen solchen Zustand der

Ausgeglichenheit erreichte, dass es für sie alle zur Stagnation führte. An diesem Punkt trat der Mentor, Hohepriester oder Erz-Druide hervor und gab ihnen eine Information, die sie alle verwirrte und ihr bisheriges Glaubenssystem herausforderte; dies brachte ihnen neues Verständnis, das ihnen ermöglichte, sich von der begrenzten Sichtweise, die sie zuvor hatten, zu befreien, damit sie das Universum mit neuen Augen und in neuern Licht sehen konnten.
Seht Ihr, das Universum ist in seiner Natur nicht eine begrenzte Sache sondern eine unbegrenzte. Die Menschheit muss jedoch aufgrund der Struktur ihrer Psyche die Realität in begrenzten Schritten der Wahrheit erfahren. Wenn das Plateau erreicht ist und der abwärts führende Bogen beginnt, muss ein neues Verständnis angeboten werden, das das bisherige Verständnis und die früheren Begrenzungen und Beschränkungen der Wahrheit dieses Menschen erschüttert und fort bricht. Jeder echte spirituelle Sucher wird auf seinem Weg stets erfahren, wie Myriaden von Glaubenssätzen einer nach dem anderen zerstört werden, damit sie sich weiten und dem wahren Licht öffnen können, das keine Struktur, keine Regeln, keine Gesetze, keine Wahrheit in sich besitzt.

Deshalb wird jeder einzelne von Euch - egal in welchem Stadium oder auf welcher Stufe der Leiter er sich befinden mag -feststellen, dass seine Glaubenssätze, wie kostbar oder wahr oder wirklich sie ihm auch erscheinen mögen, an einem bestimmten Punkt erschüttert und zerstört werden, damit er eine größere Wahrheit annehmen kann. Es ist deshalb von großer Bedeutung, dass Ihr nicht an Gesetzen und Begrenzungen, Beschränkungen und Strukturen Eures gegenwärtigen Verständnisses all zu sehr festhaltet, sondern dass Ihr fließend und flexibel genug seid, größere Wahrheiten anzunehmen, ohne die Psyche einzuengen, indem Ihr einfach anerkennt, dass keine einzelne Wahrheit wirklich ist, sondern lediglich ein Trittstein auf dem Weg über den See hinaus in den Ozean des Glaubens.

Kreatives Ungleichgewicht ist deshalb der Schlüssel, der jede Tür öffnet, an die Ihr kommt; es ist der Atem Gottes, der Euch trägt, während Ihr von einem Stein zum anderen hüpft; es ist die Antwort, wenn Ihr Euch aus Sackgassen und von Widerständen befreien wollt.

Wir, die Bruderschaft des Lichts, die Lords und Ladies von Shamballah, die Meister und Meisterinnen aus dem Aufgestiegenen Reich sind keine vollkommenen Wesen, sondern einfach nur vervollkommnete. Es ist wahr, wir sind von Zeit und Raum befreit und wir existieren als reines Bewusstsein, nicht mehr gebunden durch Körper oder Emotionen, aber wir selbst sind nicht Gott.

Die Führung, die wir Euch und Eurer Erde zuteil werden lassen, ist an Eure Handlungen gebunden, Ihr seid es, die Eure Zukunft gestaltet, nicht wir. Ihr habt freien Willen und praktiziert ihn jeden Tag, und das verändert die Zukunft, so wie sie im Augenblick geschrieben ist.

Wir können nur hinausspähen und die Möglichkeiten sehen, die zu irgendeinem gegebenen Augenblick der Zeit bestehen, aber wir können nicht exakt alles voraussagen, was geschehen wird, wir können Euch nur mit dem versehen, was wir zu dem Zeitpunkt, da wir hinschauen, verstehen können, mit den Möglichkeiten, die bereitstehen.

Ihr habt die Macht, Eure Wirklichkeit zu erschaffen - Ihr alle, jeder einzelne. Und deshalb dürft Ihr Euch nicht ganz nach uns richten und uns verehrungsvoll und gläubig zu Füßen liegen, sondern Ihr müsst erkennen, dass unsere Führung Euch in

Liebe und Aufrichtigkeit zuteil wird, mit der Wahrheit, die wir in dem Augenblick, da wir hinschauen, sehen, aber Ihr, Ihr habt die Macht, Euer Leben und Eure Zukunft zu verändern und zu transformieren, nicht wir. Es ist leicht, Zweifel und Furcht zu erliegen, Negativität, Kummer und Schmerz -es ist weitaus schwieriger, an Glauben und Vertrauen festzuhalten, eine positive Sichtweise einzunehmen, in Zeiten der Dunkelheit zurückzuschauen und die Wunder zu zählen und die segensreichen Dinge, die Euch begegneten, und zu sehen, welch weiten Weg Ihr zurückgelegt habt.

Das Leben ist nicht leicht und war niemals so vorgesehen, sondern es ist schwierig, schmerzhaft, ungestüm; dies sind die Dinge, die es so wichtig machen, das Leben zu erfahren, so wertvoll, so einmalig. Der Weg des Lichts ist kein einfacher, es ist ein schwieriger Weg, und wenn irgend jemand von Euch, nachdem er diese Worte gelesen hat, zu dem Schluss kommt, dass dies nicht für ihn ist, dann wäre es das beste, jetzt sofort aufzuhören, ehe er zuviel davon angenommen hat. Wenn Ihr jedoch den Mut habt, das Licht anzunehmen und die Kämpfe auszufechten, die sich in Euch und ebenso im Außen um Euch herum abspielen, dann steht auf, öffnet Euch dem Licht und sprecht folgende Worte, um den Pakt zu schließen:

" Wohl wissend, was ich tue, stehe ich hier und gelobe mein Bündnis mit den Kräften des Lichts und des Guten und mit dem Universum, damit ich eingesetzt werden kann, so gut wie möglich, jedem Menschen zu helfen, der meinen Pfad kreuzt und meiner Hilfe bedarf, den göttlichen Plan zu fördern und dieser Welt und dem Universum selbst beizustehen, Harmonie und Frieden, Verständnis, Weiterentwicklung und ewige Liebe und Wahrheit zu erreichen.

Ich ergebe mich dem Göttlichen, wohl wissend, dass ich Schwierigkeiten und Schmerz auf mich nehmen muss, wenn ich wachsen und das vervollkommnete Wesen werden soll, das in mir als Möglichkeit bereits angelegt ist. Im Bewusstsein all dessen gelobe ich meine Verbundenheit mit den Kräften des Lichts und der Ordnung, dass ich bestrebt sein werde, selbst in Zeiten tiefster Dunkelheit, mein Bestes zu tun, das Licht zu sehen, das immer da ist, und ihm zu folgen."

Dies ist kein Spiel, das wir spielen, noch ist es eines, das Ihr spielt. Es ist in Wahrheit eine Situation, die letztendlich zu Leben oder Tod für die Welt führt. Diese Pflicht, wie heilig, wie ernsthaft sie auch sein möge, muss keineswegs ohne Schönheit, Lachen und Freude sein, aber es muss eine Reise mit vollkommenem Einsatz sein. Wenn Ihr, - die Arbeiter des Lichts, die Hüter und Vorboten des Morgen, jene die Heilung und Führung möglich machen, vor den Stürmen der Dunkelheit, die Euch angreifen werden, beugt, dann gibt es keine Hoffnung für diejenigen, die noch nicht das Licht gefunden haben, das Ihr ausstrahlt: Ihr müsst mehr als Euer Bestes versuchen, Ihr müsst in Euch nach dem stärksten Licht suchen, das Eure Fackel, Euer Schutzschild und Schwert sein wird.

Denkt daran, dass jedes Stadium des Wachstums dem gleicht, in das sich der Schmetterling begibt, um ein neues Leben zu beginnen. Denkt an die Zeichen des Zyklus, von denen ich gesprochen habe, seht sie und erkennt sie in Eurem Leben und benutzt alles Geschick und alle Kräfte Eurer Herzen und Sinne, um mit den negativen Erfahrungen der Transformation fertig zu werden und das Licht der Wiedergeburt und Erneuerung in Euch hereinzulassen.

Zum Schluss möchte ich Euch noch ein Hilfsmittel an die Hand geben, das Ihr benutzen könnt, wenn Ihr in den Zyklus der Dunkelheit eingetreten seid und das Licht wieder fassen möchtet.
Wählt Euch sorgfältig eine Nacht unter dem zunehmenden Mond aus und sucht Euch einen Stern aus, den Ihr leicht wieder erkennen könnt und als Euren eigenen betrachten möchtet - das ist Euer Stern der Kraft und Stärke. Blickt auf diesen Stern und während Ihr in sein helles Licht seht, sprecht diese Worte zu ihm:

"Leuchtender Stern, ich erwähle Dich heute zu meinem Leitstern in Zeiten der Dunkelheit, damit Dein Licht sich über mich ergieße und mich nähre wie Muttermilch, damit ich stark werde, stark genug, um die Bande zu durchbrechen, die mich daran hindern, diese neue Phase des Lichts anzunehmen, an deren Schwelle ich stehe, wie ich wohl weiß. Führe mich also während ich mein Schiff durch die Dunkelheit steuere, geleite mich durch den Tunnel, durch den Kokon in das Licht der Erneuerung."

Geht dann zurück in Eure Wohnung, an den Ort, den Ihr für Eure Rituale gewählt hast, erhellt ihn mit Kerzenlicht und erfüllt ihn mit dem süßen Duft des Weihrauchs. Nehmt ein jungfräuliches Papier zur Hand, das rein und weiß ist, schreibt darauf Euren Namen, legt ein Haar und ein Stück eines Nagels von Euch darauf und, wenn Ihr möchtet, etwas Blut oder ein Stückchen Haut. Faltet dieses Papier fest zusammen und legt es auf eine kleine Schale. Sagt vor diesem Sinnbild Eurer selbst:

"Ich verwandle alles, was ich bin, damit ich alles werden kann, was ich sein kann. Ich befreie mich von den Fesseln, die mich an die augenblickliche Phase meines Lebens gebunden halten, ich erhebe mich aus der Dunkelheit

erneuert wie der Phoenix, der sich von seinem eigenen Feuer zerstören lässt, damit ich das Licht der neuen Wahrheit erfassen kann."

Nehmt dieses Päckchen, das die Schwingungen Eurer Natur enthält, zündet es an und betrachtet, wie es verbrennt. Wenn alles zu Asche geworden ist, tragt diese hinaus in den Garten, schaut noch einmal auf das Licht Eures Sterns und vergrabt dann die Asche in der dunklen süßen Erde. Kehrt zurück zu Eurem Ort der Rituale und schließt die Augen zur Meditation, damit Euch Führung zuteil wird über Euren nächsten Schritt, ob es sich um ein Buch handelt, das Ihr lesen, oder einen Menschen, den Ihr besuchen, oder eine Übung, die Ihr machen sollt, oder ganz einfache Dinge wie eine Farbe, die Ihr tragen oder Musik, die Ihr hören sollt. Folgt Eurer Führung und tut, was sie Euch aufgibt, und wenn Ihr am nächsten Morgen aufsteht, bestätigt Euch, dass Ihr Euch verändert und verwandelt habt, dass Ihr erneuert seid und bereit, den neuen Zyklus Eures Weges aufzunehmen.
Wir dürfen nicht verzweifeln, die Zukunft ist nicht verloren, sondern wartet darauf, von uns in die Hand genommen zu werden. Wir dürfen es nicht zulassen, von den dunklen Zeiten niedergeschlagen zu werden, uns von unseren Versagen oder nicht erfüllten Prophezeiungen niederdrücken zu lassen, sondern wir müssen uns erlauben, inspiriert, gerettet, geheilt und aus dem Staub aufgelesen zu werden von all den Dingen, die vorher waren, die uns Stärke und Hoffnung gegeben haben. Erinnerungen wurden dem Menschen gegeben, damit diese ihn mit Hoffnung erfüllen können, wenn die Gegenwart nichts Angenehmes zu bieten hat.
So macht Euch nun auf, Ihr Ritter des Neuen Zeitalters, Ihr Vorkämpfer der neuen Morgenröte, verwandelt Euch und nehmt das Licht in Euch herein. Und als Exempel Eurer Art zieht all jene zu Euch heran, die Eurer bedürfen.

Mit Wünschen des Segens und der Liebe verabschieden wir uns nun.
Ich bin Saint Germain, Hüter der Violetten Flamme der Wandlung. Seid gegrüßt und lebt wohl.

Der Indianer Wontanna

Das erste Mal erfuhr ich von ihm durch eine Botschaft, die aus den USA zu uns kam. Als ich mit dem Lesen der Botschaft fertig war, meditierte ich und bat um seine Anwesenheit. Er erschien mir stehend vor einem Lagerfeuer. Ringsherum befanden sich noch andere Indianer. Er sprach zu mir, ich konnte jedoch nicht hören, was er sagte.

Ich habe sehr schöne Stunden des Malens mit ihm verlebt; ich konnte ihn eher fühlen, als Worte von ihm zu hören.

Als ich seine Kopffeder malen wollte - ich wollte diese nach oben stehend malen, da ich es als schöner empfand - hörte ich seine Stimme: *„Du kannst es vielleicht schöner finden, wenn die Feder steht, aber meine Feder muss herunterhängen."*

Ich verstand nicht, warum er dies unbedingt so wollte. Ich kannte mich in indianischen Sitten und Bräuchen nicht aus.

Erst viele Monate später, als das Bild schon längst fertig war, kam ein älterer kranker Mann zu uns (inzwischen heimgegangen). Er fragte mich: „Weißt Du auch, warum die Feder von Wontanna hängt?" Ich antwortete ihm: „Ich weiß es nicht, er wollte es unbedingt so." Da erklärte mir der Mann, dass Indianer mit hängenden Federn in Frieden kommen, und wenn die Feder steht, bedeutet es Krieg.

Nun hatte ich endlich verstanden, warum Wontanna so auf seine „hängende" Feder bestand.
Wontanna ist für unsere niederen Chakren zuständig. Wir können ihn rufen, wenn wir „geerdet" werden möchten. Wir sollen ja auch hier fest mit den Füßen auf dem Boden stehen.

Wontanna und seine Freunde holen auch die Seelen ab, die sich vor dem Heimgang befinden. Man kann ihn darum bitten, wenn eine(r) unsere(r) Lieben heimgeht.

Hier eine Botschaft von ihm übermittelt an
Dr. John Armitage, England (wir danken für die freundliche Genehmigung)

Beginnt mit Euch SELBST

Mitgefühl und bedingungslose Liebe tragen zur Weiterentwicklung eines jeden Menschen bei. Das Mitgefühl und die bedingungslose Liebe, von der wir sprechen, sind ohne Frage der wichtigste Aspekt bei dem, was im Zuge des Aufstiegs vor sich geht. Viele sagen „Ich habe Mitgefühl und ich kann lieben, aber was mir schwer fällt ist, Liebe und Mitgefühl für mich persönlich anzunehmen".

Dies ist allerdings eine große Schwierigkeit im Leben eines jeden. Die Menschen meinen, sie seien es nicht wert, geliebt zu werden. Sie seien es nicht wert, die Liebe eines anderen Menschen zu erhalten, ganz zu schweigen von der Liebe des Erzengels Michael oder anderer Erzengel oder Lord Sanandas oder anderer Heiliger, die auf diesem Planeten waren und ihren Aufstieg genommen haben und uns vorangegangen sind, um uns zu zeigen, was möglich ist. Das Vordringliche, womit jeder zu beginnen hat, ist, die Energie des Mitgefühls und der bedingungslosen Liebe in sein eigenes Leben einzubringen, in die Beziehung zu seinem eigenen Selbst. Hiermit habt Ihr immer noch Probleme. Dies ist der wichtigste Aspekt des Aufstiegsvorgangs, an dem alle noch arbeiten müssen. Ihr wisst nicht, wie Ihr Euch selbst lieben sollt, denn sich selbst bedingungslos lieben heißt nicht nur, die eigene Persönlichkeit lieben, sondern auch die eigene Achillesferse, die Zellulitis und alle Charakterzüge, die zu einem gehören.

Macht Euch nur einmal klar, dass bedingungslose Liebe eine Energie mit sich führt, die sehr viel Macht verleiht. Diese Energie der bedingungslosen Liebe ist die eigentliche heilende Energie, die sich in der Schöpfung manifestiert. Die Energie des Mitgefühls ist eine sich ausdehnende Energie, die es Euch ermöglicht, Euer Bewusstsein zu erweitern. Nicht nur, das was Ihr als Euren bewussten Verstand bezeichnen würdet, sondern Euer Bewusstsein wird auch in Gebiete hineinreichen, von deren Existenz viele von Euch im Augenblick noch nicht einmal wissen. Bereiche von Euch, aus denen das Energiesystem, das Ihr seid, zusammengesetzt ist in seiner Gesamtheit und Vollständigkeit.

Mit den Energien des Mitgefühls und der bedingungslosen Liebe für Euch selbst zu arbeiten, ist also die wichtigste Aufgabe, die jeder zu erledigen hat. Hieran muss jeder arbeiten, weil es unmöglich ist, anderen gegenüber Mitgefühl zu empfinden, oder irgendjemanden oder irgendetwas bedingungslos zu lieben, wenn man nicht zuvor diese Energie auf das eigene Bewusstsein angewandt hat. Euer eigenes Bewusstsein zu kennen, zu wissen, dass es unerheblich ist, wer Ihr seid oder welche gesellschaftliche Stellung ihr habt, welche Kenntnisse und welchen Wissensstand ihr habt, in der Dritten oder in der Vierten Dimension, denn das wäre wiederum Kontrolle.

Wisst, das es bedeutungslos ist, ob Ihr dick seid oder dünn, Pickel habt oder eine Glatze, dass Eure Füße riechen oder was auch immer. Wisst einfach, dass es für Euch möglich ist, reine bedingungslose Liebe zu werden, und reine bedingungslose Liebe bedeutet, dass es keine Beurteilung gibt.

Es gibt keine Furcht, denn Furcht ist die größte Hürde und das stärkste Hindernis bei diesem Aufstiegsprozess.

Diese Energie der bedingungslosen Liebe ist das Wichtigste, an dem jeder zu arbeiten hat, und wie macht man das? Zunächst einmal müsst Ihr ins eigene Herz schauen und feststellen, was Ihr im Herzen habt. Wie Ihr wisst ist das Herz das Symbol der Liebe in Eurer Kultur. Diese Energie der Liebe wohnt im Herzen, und außerdem sind auch alle Züge, die Ihr an Euch selbst oder an anderen nicht mögt, dort eingegraben. Diese Emotionen lösen Furcht und Abhängigkeit von anderen aus, denn wisst, dass die meisten Liebesgefühle, die auf diesem Planeten in Bezug auf Beziehungen und den Umgang der Menschen untereinander vorherrschen, tatsächlich auf dem Gefühl der Furcht und der Abhängigkeit aufgrund von Furcht beruhen.

In den meisten zwischenmenschlichen Beziehungen gibt es keine bedingungslose Liebe. Die Menschen leben diese Energie der bedingungslosen Liebe noch immer nicht wirklich bewusst.

Wir kommen also zurück zum Herzen, und wir sagen Euch, dass im Herzzentrum all diese Energien verborgen liegen, die Euch davon abhalten, Euer volles Potential als menschliche Wesen und Eure eigenes Christusbewusstsein zu verwirklichen. Bevor Ihr herumlauft und versichert „Ich liebe jedermann und meine Liebe ist bedingungslos und ich bin urteilsfrei", ist es notwendig, zuerst einmal ins eigene Herz zu schauen und zu sehen, was Ihr von Euch selbst haltet. Seht nach, was dort verschüttet liegt, all die traumatischen Erlebnisse, die Ihr in diesem Leben gehabt habt. Seht Euch die traumatischen Erfahrungen an, die Ihr vielleicht auch noch in anderen Leben durchgemacht habt. Wisst, dass ihr jetzt die Gesamtsumme aller Gedanken, Worte, Taten und Handlungen seid, die Ihr je in irgendeinem Leben - nicht nur auf diesem Planeten, sondern auch auf anderen Planeten, in anderen Universen und in anderen Dimensionen - gehabt habt. Ihr könnt also sehen, dass eine Menge an menschlichem Abraum, wie Ihr es nennen würdet, oder an „Energien, die nicht vom Licht sind" tief in diesem Energiezentrum des Herzens verborgen sind.

Es ist daher nötig, zuerst einmal ins Herz zu schauen, und hier gibt es naturgemäß zwei Arten, das zu tun. Manche Leute verarbeiten die Dinge, und das Wort „verarbeiten" ist zu einem der Modeworte der Aufstiegsbewegung geworden; manche Menschen neigen dazu zu sagen, dass sie sich heute nicht recht wohl fühlen, weil sie etwas „verarbeiten". Letztendlich besteht überhaupt keine Notwendigkeit, etwas zu verarbeiten. Das Verarbeiten entstand aus der menschlichen Gewohnheit, an etwas festzuhalten. Festhalten an Ängsten, festhalten an Dingen, die Euch innerhalb der Grenzen halten, die ihr Euch gewählt habt, und Euch nicht über diese Grenzen hinauszuwagen, diese Grenzen, die Euer Bewusstsein einschränken. Man könnte nun sagen, dass Ihr, wenn Ihr über diese Grenzen hinaus schreitet, die Freiheit erfahrt. Aber sobald Ihr wieder in den Raum innerhalb der Grenzen zurücktretet oder an dem Konzept der Grenzen festhaltet, werdet ihr wieder zurückgeworfen auf das Thema Verarbeitung.

Was Ihr tun müsst ist, die Gefühle erfahren, die in Eurem Herzen verborgen liegen. Holt die Angst hervor - die Angst wovor? Was ist Eure größte Angst? Vielleicht sagt Ihr in einem Seminar, „dies ist zur Zeit meine größte Angst". Das fördert das Verständnis davon, was jedermann für Befürchtungen hat. Lasst diese Angst los. Sagt, „dies ist nicht meine Angst. Diese Angst bin nicht ich. Diese Angst gehört nicht zur absoluten Wirklichkeit. Diese Angst ist eine Vorstellung, die ich übernommen habe. Diese Angst ist nicht nur in mein Herz, sondern sogar in meinen Zellen eingegraben". Ihr könnt also entweder die Angst verarbeiten oder Ihr könnt Euch hinstellen und sagen, „ich lasse alle Angst los", und Ihr könnt sie den Flammen der Transformation überantworten, die sie in Licht und Liebe verwandeln und sie dann um ein Tausendfaches vermehrt an Euch zurücksenden.

Ihr könnt nun sehen, dass es Zeit ist, die Politur und das Staubtuch hervorzuholen und damit zu beginnen, den angesammelten Staub vieler Leben fortzuwischen, die den Spiegel des Herzens verschleiern, nämlich den Spiegel der Seele.

Nehmt den Schleier lagenweise weg oder führt eine Großreinigung durch und nehmt alle Schichten auf einmal weg. Sagt, „Ich Bin Licht, Ich Bin Liebe" und arbeitet mit diesen Energien. Geht mit diesen Energien durchs Leben. Nehmt dies als eine Realität in Euer Leben auf. Zu lernen, wie Ihr mit Euch selbst mitfühlend und bedingungslos umgehen könnt, ist die vorrangige und wichtigste Aufgabe bei diesem Vorgang. Denn wenn Ihr genügend Mitgefühl und Liebe für Euch selbst habt, dann werden all diese Selbstbeurteilungen verschwinden, wie: „Bin ich gut genug?" oder „Vor 25 Jahren trat ich auf den Kopf eines kleinen Hasen, und deshalb bin ich schlecht und schuldbeladen, und Gott wird mich nicht lieben. Ich habe einmal einen Knallfrosch an den Schwanz von Nachbars Katze gebunden" und all die anderen Dinge, die Ihr getan habt oder vielleicht auch nicht getan habt, aber jener hat sie getan, als er ein kleiner Junge war; all dies sitzt weiterhin als Schuldgefühle im Herzen der Menschen. Diese Schuldgefühle sind einer der Hauptfaktoren, der die Menschen von der Erweiterung ihres Bewusstseins abhält. Schuld, Schuld und nochmals Schuld.

Der Grund, warum all diese Schuldgefühle da sind, ist, dass unsere Eltern uns sagten, wir seien schuldig. Die Kirche sagte uns, dass wir schuldig seien, unsere Lehrer sagten uns in der Schule, dass wir schuldig seien. Unsere Freunde sagten, dass wir Schuld hätten, und schließlich glaubten wir ihnen - und nicht zu knapp. Die Menschen haben das Schuldprogramm auf sich genommen, und es hat sich in ihre kristalline Natur eingegraben. Wenn man diese Schuld loslässt, so wird damit auch die Furcht befreit. Dann findet Ihr zu Eurer Vollkommenheit. Der Aufstiegsvorgang, von dem wir sprechen, beruht tatsächlich auf der Erlösung von Angst und Schuld und auf der 110prozentigen Erkenntnis „Ich Bin Liebe, Ich Bin Licht, Ich Bin Mitgefühl und ICH BIN DER ICH BIN". Ihr könntet sagen, dass das Seminar nun beendet ist, weil es nichts weiter zu sagen gibt. Aber wir werden das Thema aus tausend verschiedenen Richtungen angehen, denn für viele ist das nötig. Wenn es möglich wäre, dass alle auf diesem Planeten diese Worte, die ich Euch gesagt habe, annehmen und in ihr Bewusstsein aufnehmen könnten und dann diese Selbstverwirklichung durchführen würden - die nur einen Augenblick benötigt - dann wäre es nicht mehr nötig, den Workshop zu halten. Dann müssten wir nichts mehr von dem, was ich Euch heute noch sagen werde, durcharbeiten.

Ich bin Wontanna.
Viele kennen mich als einen nordamerikanischen Indianer, und viele meinen, dass ich, Wontanna, lediglich ins Reich der Legende gehöre. Bis vor einigen Monaten habe ich noch nicht so viel mit Gruppen innerhalb des Aufstiegsprozesses gearbeitet und meine Energien und Informationen an Gruppen weitergegeben. Ihr werdet bemerken, dass die Energie, die ich jetzt an Gruppen weitergebe, sehr sanft ist. Es ist ganz passend, mit Mitgefühl und Liebe. Es gibt wirklich nichts weiter zu sagen, außer dass ich früher dachte, dass alle Menschen

verrückt seien, aber jetzt sehe ich, dass die Menschen langsam ihre Verrücktheit verlieren und sich vorwärts ins Licht bewegen. Ich freue mich schon sehr auf den Aufstieg dieses Planeten, denn ich, Wontanna, werde dann wiederkommen. Ich freue mich schon darauf, und Ihr seid alle eingeladen in mein Zelt und an mein Feuer. Wir werden ganz liebevolle und friedliche Zeiten miteinander verbringen. Was ich Euch sonst noch sagen möchte ist, denkt weiter an richtiges Atmen und stellt Eure Füße fest auf die Mutter Erde.

Wontanna

Der Engel der Freiheit
(Liberty Angel) Avalon

Er zeigte sich mir während einer Meditation, er saß auf einem Pferd und trug eine Lanze bei sich. Er bewegte sich so, als ob er mit etwas kämpfte.

Ich fertigte eine Skizze an und legte diese weg. Ich hatte keine große Lust, ihn zu malen.

Aber ein Jahr später zeigte er sich wieder, genauso kämpfend wie beim ersten Mal und ich sah diesmal auch gegen was er kämpfte: einen Drachen.

Sein Helm beeindruckte mich sehr; er war völlig in grünen Tönen gekleidet.

Diesmal malte ich ihn und während des Malens erinnerte ich mich an viele Ereignisse, die ich in diesem Erdenleben erlebte. Einige Erinnerungen waren schön, andere hingegen versuchte ich zu vergessen: die, wo ich mich emotionell durch jemanden verletzt fühlte.

Ich las während dieser Zeit ein Buch, das über das EGO schrieb, und wie man das ICH BIN - das ja unsere wahre Identität ist von dem EGO unterscheiden lernt.

Dieser Engel teilte mir mit, dass der Ritter mit der Lanze gegen einen Drachen kämpfend ein Symbol darstelle:

Der Drachen sei unser EGO und in dem Moment, in dem wir mit unserer wahren Identität Verbindung aufnehmen, kämpft dieses EGO mit Hilfe von Angst und anderen Tricks um uns aufzuhalten und uns zu begrenzen.

Und nur, wenn wir gegen unser eigenen EGO den Sieg erlangen (Angst, Furcht, Frustration, usw..), können wir endlich und wahrhaftig mit unserem Göttlichen ICH BIN Verbindung aufnehmen.

Nur dann sind wir wirklich FREI.

Mutter Maria
„Die Vollkommenheit ist in uns"

Maria erschien mir im Jahre 1993 in der Meditation. Sie trug ein blaues, mit Gold und Rubinen besticktes Kleid. Sie trug einen Schleier, der die gleiche blaue Farbe wie ihr Kleid besaß.

Obwohl die Türen und Fenster geschlossen waren, spürte man eine leichte Brise, die ihr Kleid und den Schleier umwehte.

Das einzige Detail, das noch fehlte, war ihr Gesicht, obwohl dieses ja nicht verschleiert war; aber ich konnte es nicht sehen.

Ich malte was ich sah, ohne Gesicht.

Im März 1995 wollte ich auch ihr Gesicht sehen, denn viele Menschen wünschten sich ein Bild von ihr. Ich setzte mich mit einem Bleistift und Papier an den Tisch und wollte sie zeichnen. Mir war es jedoch noch nicht möglich, überhaupt ein menschliches Gesicht zu zeichnen.

Es war, als ob mein gesamtes Zeichentalent verschwunden sei. Es dauerte lange, bis ich betete, und ich bat sie, mir zu helfen, so dass ich sie so zeichnen könnte, wie sie sich zeigen wollte.

Und da kam plötzlich das Bild dieser jungen Frau.

Ich hatte viele Schwierigkeiten, meine Zeichnung auf die 80x60 cm große Leinwand zu projizieren. Sie sagte mir und wiederholte einige Male:

„Die Vollkommenheit ist in uns (in Dir) selbst; solange Du die Vollkommenheit in Dir selbst nicht anerkennst, wirst Du sie nirgends und in niemandem sehen.
Suche in Dir selbst, wo Dein Christus ist, und Du wirst ihn in jedem und in allem finden. Ich bin Eure Freundin und helfe all denen, die Christus suchen. Christus kommt wieder, und seine Wiederkehr ist in Eurem Herzen, wo Ihr die Liebe fühlen werdet und geben könnt.

Dann werdet Ihr Euch selbst in Eurem Nächsten wiedersehen wie in einem Spiegel. Gott sei Euer Ideal und Euer Ziel. Bis bald."

Nun folgt eine Botschaft übermittelt
durch Radha (Caroline Fitzgerald) im Juli 1997
Der Planet der Liebe im Zeitalter der Freiheit
(Aus "Die Adler- Botschaften aus aller Welt", Nr. 6/97)

Kinder der Liebe und des Lichtes, ICH BIN Maria. Es ist mir eine große Freude, wieder hier mit Euch zu sein und meine Energien in und um Euch zu bringen. Liebe Kinder der Liebe und des Lichtes, öffnet Eure Herzen, öffnet Euren Verstand und fühlt die Energien der Göttlichen Mutter, wie sie von der Quelle her durch Euer Wesen strömen. Fühlt meinen blauen Mantel, meinen Mantel der Liebe und des Lichtes und die Kraft, die jetzt über Eure Schultern ausgeschüttet wird. Dieser Mantel ist da, um allen Kraft und Schutz im Licht zu geben. Es gibt eine große Ausströmung, einen Strom von Liebe, der um diesen wunderbaren goldenen Planeten fließt. Wir alle von den Aufgestiegenen Ebenen, schauen mit Freude in unseren Herzen auf Euch herab, denn die Menschheit hat auf den Posaunenruf der Liebe geantwortet. Wirklich. Ihr erwacht zur Zeit massenweise auf Eurem Planeten und Ihr steht, jeder von Euch, in sein eigenen Licht und habt die Verantwortung für Euch selbst übernommen. Ihr spielt Eure Rolle bei der Ausdehnung der Liebe und der Toleranz und des Verstehens, die so wichtig sind für die Geburt dieses Planeten hinein in das Goldene Zeitalter der Freiheit.

Aber Freiheit, meine Lieben, bedeutet Freiheit für alle, und Befreiung von allem, was sich nicht mit der Bedingungslosen Liebe vereinbaren lässt.

FREIHEIT BEDEUTET DAS RECHT VON ALLEN WESEN, JEDOCH MIT DIESEN RECHTEN KOMMT AUCH EIN TIEFERER SINN VON VERANTWORTUNG FÜR DAS WAS WIR SIND, UND DAS WAS WIR ERSCHAFFEN.

Freiheit bedeutet, nicht in den Weg anderer einzuschreiten. Freiheit bedeutet Befreiung von Urteilen, Befreiung von Fesseln, die uns binden oder zurückhalten. Befreiung von Missverständnissen, von allem Wahrnehmungsvermögen, Befreiung von dem, was sich nicht in vollständiger Resonanz und Harmonie mit der Energie der Bedingungslosen Liebe befindet. Diese Schwingung wird Euch auf Euren Aufstiegspfad führen, hin zu den höheren Dimensionen, und es ist das und nur das, was hilft, in diesem großen Moment, den Planeten vorwärts zu bringen, zu einem Planeten der vollkommenen Liebe und eines Planeten des vollständigen Lichtes.

Es gab eine Zeit da wir, die Aufgestiegenen Meister, die Große Weiße Bruderschaft dachten, dass dies nie auf der Erde geschehen würde. Es schien so unglaublich fern in Euren Begriffen von Zeit. Von hier aus, also von unserer Sicht aus, oder von unserer Seite des Schleiers aus, gibt es ja keine Zeit. Zeit existiert nicht, sie ist lediglich ein Werkzeug das in der dritten Dimension arbeitet. Aber es schien für einen Moment, dass die Menschheit nicht gewollt war und sich nicht entscheiden konnte, ihrem Herzen und dem Göttlichen Willen zu folgen, dem Göttlichen Plan, der diesen Planeten in einen Planeten des Lichtes und nur des Lichtes bringen soll; dass alle Angst, die Furcht vor der Finsternis, verschwindet.

Jetzt bitten wir Euch also, meine Lieben, öffnet Eure Herzen, öffnet Euren Verstand und lasst die Angst, das Urteilen, das Wahrnehmungsvermögen los; so dass an dieser Stelle direkt aus der Quelle her, die unbegrenzte, ungebundene, Bedingungslose Liebe fließen kann. Denn wenn Ihr die Verurteilung loslasst und wenn ihr die Angst loslasst, dann kann diese Liebe deren Platz einnehmen.

Ihr steht vor vielen Veränderungen. Jeder einzelne von Euch, auf seinem eigenen Weg ändert seine Glaubensvorstellungen, Eure eigenen Gedankenmuster ändern sich. Und Ihr fühlt Euch dadurch manchmal unbehaglich, unsicher, was passiert und was noch kommt. Das geschieht aber nicht, um Euch zu entmutigen. Es geschieht um Euch mehr Kraft zu geben. Wir bitten Euch, nehmt nicht die Gedankenmuster, die Glaubenssysteme von anderen in Euch auf, es sei denn, diese stehen in Resonanz mit Eurem Herzen. Denn es gibt keinen Zwang dafür dass man so denken oder leben soll wie ein anderer .
Alles was von Euch verlangt wird, ist, die Glaubensmuster von anderen zu respektieren und dass jeder für sich selbst genug Respekt hat und weiß, dass er in göttlicher Verbundenheit durch seine ICH BIN GEGENWART Anschluss an die Quelle hat und seine eigene Weisheit im Inneren kennt. Wir bitten Euch, meine Lieben, lasst los von den Bindungen der Glaubenssysteme, von Verhaltensweisen des Verstandes, denn diese bringen Euch nicht in die vollständige Erfahrung - in das

wahre Wissen - des Einssein von Allem. Strebt also hin zur Anwesenheit des Göttlichen Schöpfers von Allem Was ist.

Glaubenssysteme wurden Euch gegeben als Werkzeug für Euer Bewusstsein, um Euch zu helfen, zu verstehen und immer näher an das zu bringen, was zu riesig ist, um völlig in ein Glaubenssystem eingeschlossen zu werden. Es ist paradox, meine Lieben, aber von Eurer Seite des Schleiers aus ist es unmöglich, die Totalität von ALLEM zu sehen, die ultimative Wahrheit, die Gesamtheit des Wissens. Was auch immer Euer Glaubenssystem sein mag, kann in sich und an sich eine Begrenzung sein, denn es kann Euch immer nur das zeigen was EIN TEILASPEKT DER WAHRHEIT IST. Und es liegt an Euch, Euren Verstand zu erweitern, Euer Bewusstsein auszudehnen, in dem Ihr diese Glaubenssysteme nur als Meilensteine auf dem Weg seht und Ihr Euch immer höher schwingt in die Anwesenheit des Göttlichen Schöpfers.

Denkt also an diese Glaubenssysteme und Gedankenmuster als Sprossen einer Leiter. Ihr stellt Euren Fuß auf die erste Sprosse. Ihr steht darauf und sie ist sicher und hält Euch fest. Aber dann, um weiterzugehen, müsst Ihr den Fuß von dieser ersten Sprosse nehmen und auf die nächste stellen, und die nächste und die nächste. Die erste Sprosse einer Leiter liegt dann hinter Euch. Sie hat ihren Dienst getan, es gibt keine Beurteilung über die erste Sprosse der Leiter - sie war nicht falsch - sie war lediglich für das erste Stadium da, und jetzt wird sie nicht mehr von Euch gebraucht, sie bleibt dort, um anderen zu helfen nachzufolgen.

Habt also Toleranz in Euren Herzen, meine Lieben, für die Gedanken und den Glauben eines jeden anderen. Aber erinnert Euch daran, dass diese Gedanken und dieser Glauben in einem Moment genau richtig für Euch waren, und seid bereit Eure

Herzen auszudehnen und weiter zu schreiten in das Wahre Wissen, welches das höchste, ultimative Wissen von Allem ist; Wahres Wissen, das vom inneren des Herzens kommt - eine Resonanz, ein Wissen das hinter allen Wörtern liegt und das der letzte Ausdruck der Inneren Göttlichkeit ist. Die Schlüsselwörter hierfür sind: **BEDINGUNGSLOSE LIEBE UND TOLERANZ**. Ver- und beurteilt andere nicht. Verurteilt Euch selbst nicht, sondern wandelt alles, was nicht in Harmonie mit der **BEDINGUNGSLOSEN LIEBE** ist, mit Hilfe der silbervioletten Flamme um, und transformiert es in **LIEBE**.

Das ist das große und gesegnete Geschenk, das allen auf diesem Planeten geboten wird - völlig verantwortlich für SICH SELBST zu werden, in jedem Moment der Zeit. Verantwortlich für jeden Gedanken, jede Tat, und jederzeit darum zu bitten dass diese Gedanken und Taten niemals einem anderen Schaden zufügen mögen, in keinem Teil der Schöpfung und des Universums.

Mein lieber Bruder, Erzengel Michael, hat Euch das Konzept einer Lichtsäule gegeben, die Ihr herbeirufen könnt und die Euch zu Eurem Schutze ganz einhüllen soll, so dass nichts, was nicht in der Bedingungslosen Liebe sich befindet, in diese Lichtsäule eindringen kann und Euch Schaden zufügt. Jetzt, meine Lieben, geben wir Euch den nächsten Schritt dieses Konzeptes. Wenn Euer Licht und Eure Macht wächst, strahlt Ihr dies um Euch herum aus, zu jeder Zeit, und dies wird Euch schützen, in dem Licht. Jetzt meine Lieben, bittet in jedem Moment um diese Lichtsäule, die Ihr um Euch herum erschaffen habt und bittet also, dass "ein Schutzring" sich in dieser Lichtsäule befinden möge, und alles das was nicht Licht ist, verwandelt wird, durch die silberviolette Flamme, in Liebe und in Licht.

Dies meine Lieben, ist ein Schutz für alle Eure Gedanken, die jetzt so mächtig werden, dass jene Gedanken, die nicht in völliger Resonanz und Harmonie mit der Bedingungslosen Liebe sind, aus dieser göttlichen Schutzsäule verschwinden, und keinen Schaden in der Schöpfung anrichten können.

Wenn alle sich also dementsprechend entscheiden, und alle für sich selbst verantwortlich werden, dann wird alles in Harmonie rund um den Planeten herum existieren.

Ihr habt kein Recht in den Weg anderer einzugreifen. Selbst wenn dies mit den besten Absichten geschieht, wird es nur dazu führen den anderen zu entkräftigen und Ihr nehmt ihm seine Möglichkeit des Wachstums und des Lernens und seine Chance, die Meisterschaft zu erlangen.

Lasst jeden auf sich selbst aufpassen, in Licht und Respekt und Vergebung, denn der Startpunkt muss von dem Selbst kommen. Und wenn jeder diese neue Art und diesen neuen Stil anwendet, dann wird Liebe und Ehre und Respekt zwischen allen ausgetauscht werden.

Lasst den Planeten wieder mit Licht und nur Licht erstrahlen.
Lasst das Lied der Freude in der Harmonie des Universums erklingen. Lasst die Mutter Erde ihren wahren und ihr zustehenden Platz als ein Planet der Liebe einnehmen -, und so kann sie durch ihre Liebesschwingung neue Universen erschaffen, neue Welten, neue Planetensysteme.

Meine Liebe umhüllt Euch alle, meine Lieben, zu jeder Zeit.

ICH BIN Mutter Maria, die Göttliche Mutter der gesamten Schöpfung. Adonai

Erzengel Gabriel
„Schenke Dein Herz dem Vater"

Viele Leute baten mich um ein Porträt von Erzengel Gabriel. Es schien, als ob auf einmal alle dieses Bild benötigten.

Viele beteten darum, dass ER sich mir zeigen möge.

Ich sah ihn in der Meditation, achtete aber nicht darauf. Erst als er sich ein zweites Mal zeigte und mit einem Kristall in den Händen erschien, fragte ich mich, wer dieses so beharrliche Wesen wohl sei.

Ich zeichnete ihn und wartete darauf, mehr zu erfahren.

Er stellte sich mir durch verschiedene Zeichen, die er mir intuitiv gab, vor.

Als ich ihn schließlich auch auf der Leinwand gezeichnet hatte, legte ich die Meditations-CD: „In the Presence of Lighf", von Terry Oldfield auf und konzentrierte mich auf sein Gesicht.

Ich war für einen Moment aus meinem Körper und hörte seine Stimme:

„ICH BIN der Bote. Dieser Kristall bedeutet die Reinheit und ist die Flamme Gottes, des Vaters in Dir.

So wie ich Dir jetzt diesen Kristall gebe, schenke Du Dein Herz dem Vater, und zwar vollständig."

Anschließend fuhr er noch fort: **„Dieses Geschenk ist nicht nur für Dich, aber für all die, die es im Herzen annehmen".**

Das Licht auf dem Gemälde entstand nicht durch einen Farbentrick von mir; die Stelle auf der Leinwand blieb, trotz meiner Farben, von Anfang an weiß.
Er sieht aus wie ein Gott aus der griechischen Mythologie.
Er ist sehr sanft und verlangt von niemandem etwas.
Er ist die verkörperte Göttliche Liebe, die nur zu geben weiß.

El Morya

Diesmal machte ich eine Erfahrung, die ganz anders war, als alle zuvor.

Wir alle sind ein Ausdruck Gottes, aber auch individuelle Geschöpfe von ein und demselben Vater; jeder von uns hat seine eigene Persönlichkeit und seine eigene Schönheit.

So sind auch unsere Freunde und Aufgestiegenen Meister in einer anderen Dimension.

In unserer Dimension verwechseln wir oft unsere eigene Persönlichkeit mit unserem Ego. Das Ego haben wir in unserer dreidimensionalen Phantasie erschaffen.

Mein lieber Freund El Morya ist ein Vorbild und Beispiel. Er spricht nicht sehr viel, hat aber eine sehr markante Erscheinung.

Ich las schon viele Bücher in denen er erwähnt wurde und Botschaften an uns richtete. Er wird immer als sehr streng und energisch beschrieben.

Nachdem ich das Bild von Erzengel Gabriel beendet hatte, dachte ich, dass sich im Jahr 1995 keine weitere Wesenheit zum malen melden würde.

Da erschien mir plötzlich in der Meditation ein Mann, ungefähr 2 Meter groß. Er setzte sich auf den Sofatisch in unserem Wohnzimmer.

Er hatte ein Zepter in der Hand und schien sehr glücklich, da zu sein. Er war völlig entspannt und lächelte.

Seinem Gewand und seinem Turban nach konnte es sich nur um Meister El Morya handeln, aber es fehlte die schon erwähnte und bekannte Strenge.

Als ich ihn Tage später malte merkte ich, dass sich seine Strenge in seinem Schweigen ausdrückte. Am 2. Tag fragte ich ihn, ob er mir etwas zu sagen hätte und wie ich meinen Entwicklungsprozess beschleunigen könnte. Alle, die bisher von mir gemalt wurden, gaben mir eine Botschaft.

Er antwortete nur kurz: **„Meine Anwesenheit hier ist schon eine Botschaft."**

Ich lachte und malte weiter. Seine Energie und seine Liebe begleiteten mich die ganze Zeit. Er war stets anwesend.

Als das Bild fertig war, fiel mir der Abschied von ihm sehr schwer. Ich weinte fast, als er ging. Doch er versprach mir immer wiederzukommen und immer bei uns zu sein, so wie er auch jetzt, wo ich diese Zeilen schreibe, wieder anwesend ist. Danke mein Freund.

Meister El Morya kam vom Planeten Merkur zur Erde als Beschützer. Er ist Chohan des 1. Strahles (blau) und vertritt den Ausdruck des Göttlichen Willens.

Er unterstützt und hilft all denen, die noch mehr Ausdruck des Göttlichen Willens werden wollen. Er gehört zu der Weißen Bruderschaft.
Hier einige seiner Inkarnationen

Melchior, einer drei Weisen aus dem Morgenland.
König Arthur, England (Arthur und die Ritter von der Tafelrunde). Thomas More, der große Kanzler bei Heinrich dem VII., England (1478-1535). König Rajput in Indien.

Im vorigen Jahrhundert gründete er zusammen mit Lord Kuthumi und Madame Blavatsky die Theosophische Gesellschaft. Seinen Aufstieg hatte er im Jahre 1888.

El Morya:

Seid Ihr selbst !
Gechannelt von Ashian Belsey/England

Seid gegrüßt, meine Lieben, ICH BIN El Morya und grüße Euch herzlich an diesem Tag.

Es gibt eine Reihe von Dingen, über die ich heute sprechen möchte. Es ist meine Absicht, dass diese Dinge Euch in den künftigen Tagen dienen. Ist das Internet nicht ein großartiges Mittel zur Kommunikation? Es ist ein wunderbares Werkzeug für uns alle! Ich kann so viel mehr Menschen erreichen als zuvor! Ich heiße diese Technologie willkommen.

Es gibt zwei Dinge, die ich Euch heute ins Bewusstsein bringen möchte. Diese sind sehr wichtig, und ich bitte Euch, behaltet diese Botschaft fest in Eurem Kopf und Sinn.

Die erste Botschaft ist: SEID IHR SELBST! - "Was für eine seltsame Bemerkung", höre ich Euch jetzt sagen! Aber ich sage Euch jetzt, meine Lieben, dass nur sehr wenige auf der Erde immer wahrhaftig sie selbst sind. Viele von Euch wissen sehr wahrscheinlich noch nicht einmal, wer sie sind. Ihr, die Ihr gekommen seid, um die " Welt zu retten", bitte seid nicht beleidigt über meine Kühnheit, denn ich bin bekannt für mein Direktsein und wegen meines Direktseins werde ich bekannt, Ihr werdet meine Energie darin erkennen. Ich wünsche, dass Ihr **EURE** Energie erkennt! Nun, um "sich selbst zu kennen" müsst Ihr " Ihr selbst sein" nicht Eure Mutter oder Euer Vater, Schwester Bruder oder selbst die Gesellschaft!

Als Ihr noch ganz kleine Kinder wart, wurde Euch gesagt, wie Ihr sein sollt, und so wurdet Ihr zu dem, was geeignet war.

Euch wurde gelehrt, "gut" zu sein und nicht "schlecht" (böse) zu sein, Eure "Eltern zu respektieren", "nicht frech zu sein und nicht über sie zu reden". Langsam wurdet Ihr zu dem, was die Gesellschaft erwünschte, so langsam, dass Ihr dies möglicherweise noch nicht einmal bemerkt habt.

Wie viele von Euch dachten sich: " Wenn ich erwachsen bin verspreche ich meinen Kindern, dass ich anders sein werde, und ich werde dies nie zu ihnen sagen!" und dann seid Ihr entsetzt wenn genau dieser Satz aus Eurem Mund kommt, der früher von Eurer Mutter stammte!

Manchmal wurden manche so bestimmt, dass sie "nicht so werden wollten wie ihre Eltern", und sie rebellierten und wurden vorsätzlich all das, was nicht von ihnen erwünscht war!

Diese Rebellentat ist nicht in Balance, und Ihr seid immer noch nicht Ihr! Nun, lasst uns schauen, wer Ihr wirklich seid. Wir können damit beginnen, Euch ein wenig darüber zu erzählen was Ihr hier tut. Was **IHR** tut, ist, das Leben in einem physischen Körper für eine Weile zu erfahren. Ihr geht durch das Leben wie ein Reisender. Denkt daran, Ihr seid nur das ein Reisender.

Lasst Euch nicht einfangen im Massenbewusstsein, vor Angst schreit: "Ich bin gefangen!", denn in Wahrheit ist das nicht richtig.
Ihr könnt nicht gefangen werden, meine Lieben, Leben ist ewig in Bewegung, es wächst ständig und bewegt sich ständig weiter. Ihr wisst, dass Ihr Eins seid mit der Schöpfung und so ist es nicht notwendig, Euch daran zu erinnern! Es sei denn, Ihr seid so im Massenbewusstsein verschlungen, dass Ihr jetzt an Trennung glaubt. Gut, das seid Ihr nicht, das ist das Massenbewusstsein. Ihr werdet wissen, wenn Ihr Ihr selbst seid, denn dann fühlt Ihr Euch emporgehoben, und Ihr werdet lernen zu erkennen, wann Ihr nicht Ihr selbst seid: Ihr fühlt Euch "herunter gestoßen".

Nun lasst uns für ein besseres Verständnis ein kleines Beispiel geben. Lasst uns annehmen, Ihr wollt auf einen Baum klettern um ein kleines Kätzchen zu retten, das ganz oben sitzt. Ihr beginnt den Aufstieg und bekommt plötzlich Angst. Von wo kommt die Angst? Habt Ihr einen Grund, Angst vorm klettern zu haben? Seid Ihr zuvor schon einmal von einem Baum gefallen? (wenn dem so ist, dann ist dies jetzt der perfekte Augenblick, um die Angst zu meistern). Wenn Ihr die Angst nicht rationalisieren könnt, dann kennt Ihr vielleicht jemanden, der Höhenangst hat? Vielleicht Eure Mutter oder Euer Vater?

Schaut zunächst mal "heimwärts", um dort die Antwort zu suchen. Sie liegt normalerweise dort. Wenn nicht, dann nehmt die Frage aus dem Massenbewusstsein, Ihr werdet sie letztendlich dort finden!

Wenn Ihr nun die Ursache dieser Gefühle gefunden habt, könnt Ihr sie ändern, indem Ihr denkt: "Gut, das bin nicht ich, und ich weigere mich, dies in mir aufzunehmen!" - Und geht und rettet Euer Kätzchen!

Vielleicht ist dies eher ein törichtes Beispiel, aber es hilft Euch, Euch selbst und andere in all Euren Taten und Reaktionen zu erkennen.

Es gab sehr viele, die aufgewachsen sind mit Schäden, die ihnen von ihren Familien zugefügt wurden -Rassismus ist einer davon. Wenn Ihr Euch selbst ertappt, etwas über eine Person zu denken oder mit ihr über etwas zu sprechen, das nicht "hervorhebend" und begünstigend ist, dann fragt Euch selbst gleich: "Bin ich das?" - Sehr wahrscheinlich nicht.

Jetzt möchte ich zu einem anderen Thema kommen, und zwar das des "Schutzes". Viele von Euch sind so "geschützt", dass sie unfähig sind zu **FÜHLEN**. Es macht Angst, seine eigenen Emotionen zu zeigen, so sehr, dass Ihr Eure Emotionen so vorsichtig schützt und behütet, denn Ihr wollt Euch nicht in "Eurem wahren Licht" zeigen! Nun, natürlich versteht Ihr, dass Ihr durch Emotionen wachst, denn Ihr lernt viel durch Eure Emotionen, deshalb habt Ihr sie ja auch! Ihr seid nicht dazu da, "ohne Emotionen" zu sein. Durch die Erfahrung Eurer Emotionen transzendiert Ihr sie.

Wie viele von Euch können Kritik von anderen über sich ergehen lassen und sie einfach nur durch sich hindurchfließen lassen? - Nicht viele, vermute ich. Der Grund dafür ist, dass Ihr Eure Emotionen "schützt", und wenn ein anderer Euch kritisiert oder verurteilt, dann würdet Ihr es ihm vergelten oder möglicherweise zu ihm zurückschicken. Lasst mich Euch sagen, dass Ihr niemals "gewinnen" könnt, wenn Ihr das "Feuer mit dem Feuer bekämpft".

Um diese Art von Energien zu transformieren, braucht man sehr viel Mut, denn Ihr müsst Euer "Schild" abwerfen und der anderen Person erlauben "Euch zu sehen". Wehrlos zu werden ist die Antwort! Lasst andere Euren Ärger oder Euren Schmerz wegen ihrer Unhöflichkeit sehen. Das wird beginnen, die Muster und das Bewusstsein Eures "Angreifers" (oder Eures größten Lehrers, das hängt davon ab, wie Ihr das seht) zu verändern.

Unser Bruder Meister Jesus war ein gutes Beispiel für Euch, denn sagte er Euch nicht: "Bietet die andere Wange an!" Der einzige Weg, etwas zu verwandeln, ist, es zunächst einmal "hereinzulassen", dann zu weinen, rufen, schreien oder lachen - was auch immer dies verwandelt - und dann lasst los. Seid ein Vorbild eines wehrlosen Wesens, zeigt anderen Eure Gefühle, versteckt sie nicht. Das ist ein Ausspruch, den ich sehr gern habe. Ich verlasse Euch jetzt.

" Verändert Euch selbst und verändert die Welt".

Euer Bruder El Morya

Isis

Meine Erfahrung beim Malen von Meister EI Morya war sehr intensiv und ich bat um ein neues Treffen. Ich hatte wie immer keine Ahnung, welche(r) Meister(in) sich melden würde. Ich bevorzugte auch keinen, denn jeder bereitet mir Freude auf seine eigenen Art.

Als ich mich in der Meditation für den Besuch von EI Morya bedankte, erschien mir eine Frau, die aufgrund ihrer Kleidung, keinen Zweifel über ihre Identität aufwarf. Am wundersamsten war aber der Falke, den sie auf der linken Hand trug.

Tage später erfuhr ich, dass der Falke das Symbol von Horus ist, dem Sohn, den Isis mit Osiris hatte. Dieser Falke steht auch als Schutzsymbol über dem Thron der Pharaonen.

Ihr Gesicht drückt Liebe aus; sie ist die Göttin der Medizin.

Sie will uns helfen, dass wir „all unsere Stücke" sammeln in Ein Göttliches Sein in uns. Als erstes müssen wir Verantwortung für unsere Taten und für unser Leben übernehmen.

Wenn wir heute ein Leben führen, das uns nicht gefällt, so sind wir selbst dafür verantwortlich.

Wir müssen aufhören, die Schuld dem Schicksal oder anderen und vor allem unseren Eltern zuzuschieben.

„In der kollektiven Hypnose, in der wir leben, existiert nichts, an dem wir nicht direkt oder indirekt beteiligt gewesen sind. Wir sind Mitschöpfer und wenn wir erkennen, wo unsere

Irrtümer liegen, können wir diese auch ändern und somit eine für uns angenehmere Situation erschaffen.
Wir sollen uns nicht für unsere Fehler verurteilen, sondern sie als einen Lernprozess für unsere Entwicklung annehmen".

Isis ist zusammen mit der Hierarchie und dem Allmächtigen Vater da, um uns zu helfen, aus unserer kollektiven Hypnose zu erwachen.

„Bald werdet Ihr die neue Erde in ihrer ganzen Schönheit sehen."

So verabschiedete sich Isis.

Meister Serapis Bey

Ich bat Meister Saint Germain, mir bei der Umwandlung einiger Aspekte, die ich nicht mehr benötigte, zu helfen.

In der Tat machte ich immer wieder die gleichen Fehler und ich war dessen schon überdrüssig. Wie immer, schrieb ich diese Bitte auf und legte sie unter mein Kopfkissen.

Es ist unglaublich, wie das immer wirkt!

Im Traum wurde mir dann so einiges erklärt, so auch, was und wie ich gewisse Dinge umwandeln könnte.

Eines Tages fühlte ich mich etwas schwach und begann zu meditieren. Ich sah mich plötzlich in einem großen Amethyst, so als ob ich ein Fötus wäre.

Ich befand mich also in diesem Kristall und sah diesen Mann, der mir mit seinen Händen Energie zuschickte (wie auf dem Bild gemalt). Er trug dieses weiße Gewand und sein Ausdruck war ernst.

Ich zweifelte zunächst an allem, was ich sah: ein Wesen, das nicht Saint Germain war, schickte mir violette Strahlen, er erinnerte mich an Jesus und war es nicht.

Als ich die Meditation beendete, behielt ich diese Szene klar und deutlich im Kopf; ich machte eine Skizze dieser von mir empfangenen Heilung und dachte weiter an das von mir erlebte.

Sein Name wurde mir alsdann genannt, wie auch der Ort, an dem ich mich befunden hatte.

Es war ein Saal im Tempel von Luxor und der Meister war **Serapis Bey.**

In diesem Tempel ist der Zutritt ja nur für Eingeweihte gestattet. Der Tempel sieht aus wie eine Pyramide innerhalb anderer Pyramiden; jeder einzelne Saal hat seinen eigenen Strahl oder seine eigene Farbe, und die Jünger müssen die Einweihungen und Prüfungen in jedem einzelnen Tempel oder Saal bestehen, und kommen dann in den Nächsten.

Der mittlere Tempel ist der letzte, er hat den weißen Strahl – also die Verschmelzung aller Farben in eine.

Ein auf Erden Inkarnierter kann nur dann in diesen Tempel eintreten, wenn ihn ein Meister, sozusagen als Pate begleitet; entweder im Schlafzustand oder während der Meditation.
Meisterin ISIS hatte mir bereits von diesem Tempel erzählt, als ich sie malte und ich vermute, dass sie und Meister Saint Germain mich zu diesem Tempel begleiteten. Ohne ihre Liebe und die Liebe von Serapis Bey wäre ich nie dorthin gelangt.

Als ich vor der weißen Leinwand saß, meinte ich, das Bild nicht malen zu können. Und da ertönte die Stimme von Serapis Bey: *„Male, Du wirst es schaffen!"*

Wir alle haben Momente in unserem Leben, wo wir nicht an uns glauben, auch nicht an die Macht, die Gott in uns gelegt hat.

Wir sagen und meinen sehr oft: „Das schaffe ich nicht!"

Serapis Bey sagte: *"Tue es, Du schaffst es!"*
Das Malen dieses Bildes hat einige Zeit in Anspruch genommen. Und während dieser Zeit begleitete mich die Energie von Serapis Bey überall hin: auf der Straße und wo immer ich hin ging.

An Christi Himmelfahrt wurde das Bild fast fertig. An diesem Tage sagte er mir: **„Es ist ganz gleich, wie dunkel es dort ist, wo Du Dich gerade befindest, das Licht wird immer zu Dir kommen und bei Dir sein, selbst dann, wenn Du es nicht** siehst. Das Dunkle ist ein emotioneller Zustand des EGO, niemals aber Wirklichkeit.

ICH BIN ein Teil des Ganzen, wo die Grenzen das Unendliche sind, wo das Unendliche sich in jedem Partikel konzentriert. Alle werden eines Tages in meinen Tempel eintreten, wenn sie sich mit dem Ganzen (GOTT) vereinigen. Dann werden sie Meister".

Inkarnationen von Serapis Bey

Es heißt, dass Meister Serapis Bey vom Planeten Venus als Helfer auf die Erde kam.
Er war ein Priester in Atlantis, kurz bevor dieser Kontinent unterging.
Er ist Hüter der Flamme des Aufstieges (weiß) und brachte diese Flamme zusammen mit vierzig anderen der Bruderschaft in einem Schiff nach Ägypten. Kurz nachdem sie am Ufer des Nils gelandet waren, ging Atlantis unter.

Er inkarnierte sehr häufig in Ägypten, er war Akhenaton IV.und Amenophis III. und baute die Tempel von Theben und Karnak.

Er war König Leonidas in Sparta. Er inkarnierte auch in Griechenland und war am Bau von Kollossus in Rhodos beteiligt.

Er war Phidias, ein Architekt und Skulpteur in Athen. Er erstellte die Zeichnung des Parthenon und überwachte dessen Bau.

Seinen Aufstieg machte er im Jahre 400 vor Christus und wurde sogleich der Chohan des vierten Strahles, Hüter der Flamme des Aufstieges. Er ist der Meister der Bruderschaft in Luxor, Ägypten. Er arbeitet mit den Seraphim.

Lady Kwan Yin

Als Lady Kwan Yin mir erschien, erzählte sie mir folgendes:

ICH BIN Kwan Yin, in China bekannt als die Göttin der Barmherzigkeit. Mit der Zeit und durch das Interesse an der östlichen Kultur, bin ich nun auch in dem westlichen Teil der Welt bekannt.

Meine weibliche Energie nutze ich, um diesen Planeten und seine Bewohner, ob inkarniert oder bereits ohne physischen Körper (denn diese sind auch Teil dieser Welt) zu inspirieren.

Jetzt möchte ich mich vorstellen: ICH BIN der ICH BIN. Eine der unendlichen Göttlichen Ausdrücke innerhalb dieses weiten Universums genannt Gott.

Wie Ihr, hatte auch ich meine Erfahrungen in der physischen Welt. Meine letzte Inkarnation war in China, wo ich mir bewusst wurde dass ICH BIN der ICH BIN, diesen Höhepunkt, an den jede Seele einmal gelangt, wo sie ihre Individualität in Allem wahrnimmt und die menschlichen Grenzen des EGO sich völlig auflösen, zu dem Gedanken eines vollständigen NICHTS kommend, eine völlige Hingabe genannt Nirvana.

In dieser Inkarnation in China kam ich in einer armen Familie zur Welt, damals waren alle arm, außer dem Kaiser. Wir waren 5 Kinder und ich war die Jüngste. Eines Tages ging mein Vater zur Arbeit auf das Feld und kehrte niemals zurück. Wir mussten alle auf dem Feld arbeiten und unserer Mutter helfen. Meine älteren Schwestern wurden zur Heirat freigegeben. Ich war eher ein Junge als ein Mädchen, mein Körper war stark und männlich, an die Arbeit und das strenge Klima gewohnt.

Als ich zwanzig Jahre alt wurde, starb meine Mutter, ich blieb allein und verließ also mein kleines Dorf und ging in ein buddhistisches Kloster, wo ich als Dienerin arbeitete.

Die Jahre vergingen und ich hatte immer große Lust zu lernen, zu studieren und mich weiter zu entwickeln, aber zu der damaligen Zeit wurde der Frau nicht erlaubt zu lesen oder zu schreiben, und eine Aufgabe als Priester war undenkbar.

Nach 30 Jahren Arbeit, lernte ich einen Priester kennen, dem ich immer das Wasser in seine Zelle brachte. Er wusste von meinem Wunsch zu lernen und lehrte mich die Gesetze, die Philosophie und die buddhistische Idee.

Ich praktizierte und studierte genug, bis eines Tages meine Anstrengung anerkannt wurde und ich meine Einweihung als Priesterin machen durfte. Ich war die erste Frau die den Titel Priester erhielt, der sonst nur den Männern vorbehalten war.

Ich weiß nicht ob ich akzeptiert wurde, weil ich so männlich war, das macht auch nichts, ich konnte mich auch als Frau sehen und meine weiblichen Eigenschaften und Talente entwickeln.

Heute bin ich hier und nutze meine weibliche Energie, um nicht nur den Frauen, sondern auch den Männern und all denen die nach der Anerkennung von sich selbst suchen, zu helfen, damit sie ohne Scham ihre eigene Individualität, frei von Dogmen und Vorbehalten ausdrücken können.
Gott segnet jeden Göttlichen Ausdruck, der Ihr seid.
In Liebe **KWAN YIN**

Seid mitfühlend und barmherzig Euch gegenüber
Gechannelt von Radha (Caroline Fitzgerald)

ICH BIN KWAN YIN. Vielen von Euch ist mein Name unbekannt obgleich Ihr vielleicht meine Energien spürt. Bekannt bin ich bei denen, die mit Heilung zu tun haben. Jene von Euch, die fortlaufend Inkarnationen in der westlichen Welt hatten, wird dieser Aspekt der Gottesenergie nicht so familiär sein. Ich bin seit vielen Jahrtausenden im Osten als Göttin der Barmherzigkeit und des Mitgefühls bekannt. In den heutigen Tagen bin ich Euch als Kopf des karmischen Rates bekannt. Was bedeutet das Wort Karma, fragt Ihr Euch?

Ihr aus den westlichen Ländern kennt ja nicht immer die Bedeutung von Karma und wie dieses sich in Eurem Leben auswirkt. Karma ist ganz einfach das Resultat des Prozesses von Ursache und Wirkung. Ihr kennt im Westen das Sprichwort: "Niemand ist eine Insel". Dies wird jetzt ein festerer Bestandteil in Eurer Wirklichkeit werden. Denn wenn Ihr Euch wieder mit dem Einssein des Schöpfers verbindet, werdet ihr feststellen, dass niemand getrennt ist, alles ist Eins, in Universeller Liebe und in Universeller Energie. Was der eine verursacht, betrifft auch den anderen.

Nun, wenn Ihr in der Liebe lebt und in der Harmonie, dann sind die Wirkungen Eurer Handlungen sehr tief greifend. Sie werden zum Echo rund um die Welt. Sie bringen einen Zustand des Gleichgewichtes, der Einheit, des Einseins mit der Schöpferquelle. Wie viel von uns sind jedoch fähig, diesen göttlichen, ausgeglichenen Zustand konstant in seinem Wesen und im Bewusstsein zu erhalten? Und so schleichen sich Disharmonie und Uneinigkeit ein, das reflektiert sich dann auch auf die Menschen um uns herum und es kommt zur

Unvollkommenheit; dies kommt nicht von Quelle der Göttlichen Liebe.

So schreiten dann Wesen wie ich ein, denn wir kommen, um Barmherzigkeit zu lehren. Wir lehren Euch Barmherzigkeit nicht nur Eurer Mutter Erde gegenüber, sondern auch für die Wesen aus dem Tierreich die hier leben, und für alle menschlichen Wesen. Wir kommen auch um Euch Barmherzigkeit Euch selbst gegenüber zu lehren, Euch selbst zu lieben, damit Ihr erkennt, dass Ihr unvollkommene Wesen seid die in sich selbst aber die göttliche Essenz tragen, und deshalb auch die göttliche Vollkommenheit.

Wenn Ihr mit Euch selbst barmherzig umgeht, dann beginnt Ihr auch Euch so anzunehmen, wie Ihr im Moment seid. Wenn Ihr fähig seid, Euch anzunehmen und Euch zu lieben, so wird es viel leichter, diese Liebe, die Barmherzigkeit und das Verstehen für diejenigen, die um Euch sind, auszudehnen. Lebt in Frieden mit Euch selbst, und nehmt die Dinge, die noch nicht mit der totalen Liebe in Resonanz stehen an, so wie sie sind, im Glauben und Wissen dass, wenn Ihr mit der Liebe des Schöpfers geerdet seid in Eurem Leben, sich diese Dinge vorwärts bewegen und in der Liebe aufgelöst werden. Wenn Ihr das also in Euch selbst seht und anerkennt, dann werdet Ihr das Element der Barmherzigkeit, des Verständnisses auf die universelle Lebenskraft reflektieren. Ihr werdet diesen Fluss, der durch Euren Lebensstrom fließt, auf alle anderen die mit Euch in Kontakt sind reflektieren und ein ganz anderes Verständnis und ein anderes Niveau von Toleranz und Harmonie hervorbringen.
Heute (7.März) ist ein Tag, den Ihr als den Tag der Frau bezeichnet habt. Ihr fragt Euch, warum dieser Tag als Tag der Frau, und nur der Frau, ausgewählt wurde? Bedenkt aber bitte, dass dieser Tag der Frau nicht das bedeutet was Ihr meint.

Ihr sollt heute in Euren Herzen die Energie der femininen Göttlichkeit verankern, die Energie der Barmherzigkeit, des Mitgefühls und des Verstehens. Zu lange habt Ihr die anderen nur in der physischen Form betrachtet. Ihr habt nur den äußeren Schein gesehen, den physischen Körper, und Ihr habt nicht den Geist und die Seele, die in der Herzessenz mit enthalten sind, gesehen. Wisset aber, meine lieben Kinder, dass alle maskulin und feminin sind, das ist die Natur des Göttlichen, das ist die Natur des wahren Einsseins; dass die Energie des Göttlichen beides ist, nämlich dynamisch und rezeptiv in ein und dem selben Moment. So ist der heutige Tag, ein Tag des Gebetes auf der Erde, für alle Wesen, die Menschen, die Tiere oder das Elementarreich, die Berge, die Pflanzen, die Bäume, die sehr physische Natur der Erde. Nur wenn Ihr die Dualität der Energie im Individuellen, Rezeptiven und Dynamischen, im Männlichen und Weiblichen erkennt und dann das Gleichgewicht dieser beiden, das Ihr vielleicht "die Gegenseitigen Kräfte" nennt, kann die wahre Harmonie und das Verständnis der reellen Natur der Dinge erreicht werden.

So ist der heutige Tag des Gebetes nicht nur für die Seelen gedacht, die sich in dieser Schöpfungsrunde in einer weiblichen physischen Form ausdrücken wollten, sondern auch für die Seelen, die in diesem Leben die Erfahrung der männlichen Form ausgewählt haben.

Und ich möchte meine Botschaft besonders an diejenigen geben, die die männliche Form ausgewählt haben. Die Gesellschaft hat Euch viel Falsches gegeben. Die Gesellschaft hat Euch die Rolle des Kriegers aufgezwungen, die Rolle des Eroberers, die Rolle der aggressiven Kraft. Ihr könnt diese Konventionen jedoch brechen. Ihr könnt Euch von diesen Ketten und Zwängen befreien indem Ihr anerkennt, dass Ihr in

Eurer Seele beides tragt: die männliche und die weibliche Energie; dass Ihr um so mehr Potential habt, die Energie der Liebe, der Barmherzigkeit, des Mitgefühls, der Toleranz, der Weisheit und des Verstehens in Euer tägliches Leben bringen könnt und zwar genauso, als ob Ihr in dem Körper einer Frau geboren worden wäret und die Rolle einer Mutter ausgewählt hättet, die Rolle der Weiblichkeit, die Rolle der empfangenden Energie.

Ihr seht, alle haben einen freien Willen, alle haben momentan die Wahl, und es ist wichtig, nicht nur den physischen Körper den wir uns für diese Inkarnation ausgewählt haben, anzunehmen aber auch das Gleichgewicht innerhalb dieser Energien, und wir dieses Gleichgewicht benutzen um Liebe und Harmonie in äußere Form zu bringen.

Viele von Euch haben zur Zeit Schwierigkeiten in der Beziehung zu anderen. Es herrscht große Turbulenz in Eurer Welt.

Zunächst einmal sieht es so aus, als ob Ihr durch eine Periode großem Kampfes geht, durch Krieg, durch Trauma. Manchmal ist dies notwendig. Manchmal muss erst eine Umwälzung kommen, bevor das Gleichgewicht erreicht wird. Was jetzt häufig passiert ist, dass vergangene Situationen, vergangene Erinnerungen, plötzlich an die Oberfläche des Bewusstseins kommen. Alte Spiele werden wieder gespielt, oft auf dem Schlachtfeld. Alte Schulden werden bezahlt manchmal bewusst, öfters als sonst aber im Unterbewusstsein; und es sind oft diese unterbewussten Ströme, die durch Euer Leben fließen und bei Euch große traumatische Erlebnisse auslösen.

Aber Ich, Kwan Yin, bin hier um Euch bewusst zu machen dass diese alte Schulden schon längst bezahlt wurden, denn wir haben schon große Schritte gemacht, große Verwirklichungen wurden schon von den Menschen unternommen, um zusammen in die Einheit und in das Einssein mit dem Vater Schöpfer zu kommen. Wir haben bei dem Vater/Schöpfer vermittelt, dass alles frühere Karma zu Euren Gunsten ausgeglichen wird. Und diese gesegnete Fürsprache wurde uns vom Vater in seiner großen Weisheit erhört. Ihr könnt Euch fortan in Frieden und Harmonie bewegen. Es ist nicht länger notwendig für Euch, alte Schulden zu begleichen, zu versuchen, "die Bücher in Ordnung zu bringen", denn der Ausgleich kam Euch schon zu Gute. Ihr habt dieses Wissen nur noch nicht in Eurem Bewusstsein aufgenommen. Aber wenn Ihr beginnt, dies in Euer Leben einzubeziehen als eine Realität, dann könnt Ihr auch die Größe des Göttlichen Segens, der auf die Menschheit ausgegossen wurde, ermessen, denn jetzt habt Ihr die Gelegenheit Euch in einem Zustand des Ausgeglichenseins zu bewegen, in einem Zustand der Liebe und der Harmonie.

Schaut in Euch selbst, jeder von Euch und stellt Euch folgende Frage: "Bin ich, als eine individuelle Lebensform, ausgeglichen in den männlichen und weiblichen Energien? Weiß ich den geeigneten Moment um dynamisch zu sein, stark, kreativ, und weiß und anerkenne ich auch die geeignete Zeit um harmonisch zu sein, und um das zu geben?" Und der Frieden, nachdem Ihr Euch schon so lange gesehnt habt, wird in Eure Herzen, in Eure Leben und in die Erfahrung aller auf dieser Welt eintreten.

Zunächst aber muss das Gleichgewicht bei jedem individuell erreicht werden. Zunächst einmal müsst Ihr mit Euch selbst in Frieden sein, und wenn dieses auf jeden und alles individuell reflektiert, wird dieser Zustand global erreicht werden. Wir gaben und geben immer noch unsere Hilfe und unsere Unterstützung zu diesen großen Anstrengungen die die

Menschheit jetzt unternimmt. Wir gratulieren Euch für Euren Mut. Wir lenken unsere Energien und unsere Kraft in Euer Bemühen, in der sicheren Gewissheit, dass auf Euren Planeten eine großes Zeitalters des Friedens, der Toleranz, der Harmonie und der höheren Weisheit zukommt.

Seid barmherzig und mitfühlend Euch selbst gegenüber. Seid barmherzig und mitfühlend anderen gegenüber, denn durch diese Qualitäten wird die Harmonie hergestellt und eine Wiedervereinigung in dem Einssein mit Allem.

Lasst alle Gefühle des Unwürdigseins oder der Restriktionen los und werdet unbegrenzt und ungebunden in der Einheit mit der Schöpfung.

**Ich bin Kwan Yin,
Ich stehe zu Euren Diensten.-
Ruft mich in Euren Gebeten, wenn Ihr es wünscht, und ich werde antworten, IMMER.**

Erzengel Michael

Endlich konnte ich einen Freund, der mir und vielen anderen so lieb und teuer ist, malen. Der erste visuelle Kontakt mit Michael geschah vor ein paar Jahren, aber es war ein solches Lichtspektakel, dass ich nur sein Schwert sehen konnte, ansonsten eben nur Licht. Ich behielt dieses Bild in mir, hatte aber nie mehr eine Vision mit ihm. Vergangenes Jahr illustrierte ich ein sehr interessantes Buch. Ich hatte so viele Illustrationen zu machen und eine bestand aus einem Engel, der das Tor zu anderen Dimensionen hütete. Spontan sah ich mich vor diesem Wesen, das ganz in weiß und blau gekleidet war und mich ansah und mir sagte," so bin ich und so kannst Du mich für die Illustration des Buches malen."

Ich malte das Bild für das Buch und während der Weihnachtsferien konnte ich nun sein Porträt malen.

Er sagte mir unter anderem:

"In der Göttlichen Schöpfung gibt es viele Aspekte, aber keines ist dem anderen gleich. Das Klonen von Menschen, das heute so diskutiert wird, wird niemals existieren, denn es gibt keine zwei identische Aspekte von Gott. Man kann zwei gleiche Körper schaffen, genau wie man zwei gleiche Kleider nähen kann, aber das Individuum oder der Ausdruck, der das Kleid anzieht, wird verschieden sein. Die verschiedenen Aspekte können sich vermischen, aber sie werden immer vollständig individuell sein."

Ein Leben in Freude erscheint uns wie ein Augenblick, ein Leben in Angst erscheint uns wie eine Ewigkeit.

Erzengel Michael ist Hüter des 1. Strahles, der königsblauen Flamme, zusammen mit Meister El Morya, er ist der Erzengel des Schutzes und der Verteidiger des Glaubens. Seine Zwillingsflamme ist Lady Faith.

Botschaft für das Bild von Michael
Gechannelt von Carolyn Ann O'Riley am 02.05.2000:

Liebes Lichtwesen Armando,

Deine Interpretation meiner Präsenz ist in der Tat sehr elegant und einfach wunderbar. Das Portrait schildert mich als kühn, ein Krieger, aber mit einer solch graziösen Ruhe und Liebe.

Wir erscheinen den Menschen so, wie sie es wünschen, das wir sind. In Wahrheit bin ich eher wie eine Flamme. Es ist reine Energieessenz ohne Form.

Mein lieber, Deine Kunsttalente sind ein glorreiches Geschenk vom Schöpfer. Es gefällt dem Schöpfer, Deine Arbeit zu sehen. Sie ist mit soviel Liebe gefüllt.

Du wirst über alle Worte und Maße hinaus geliebt, mein Krieger des Lichtes.

ICH BIN Erzengel Michael, Dein Botschafter des Schöpfers Wahrheit und Liebe."

Anmerkung von Carolyn: " Als ich mit dem Bild arbeitete und in die wunderschönen Augen sah, begann das Gesicht sich in verschiedene Versionen dieser wunderbaren Schilderung von Michael zu verändern, das war sehr interessant und sehr intensiv".

Grace:
„Ich bitte Euch, richtet Euch selbst oder andere nicht!"

Grace war eine große Überraschung für mich, da sie sich 2 Wochen nachdem ich mit dem Malen von Erzengel Michael fertig war, manifestierte.

Der Kontakt entstand über ein Channeling, das ich von einem Medium aus England für mich erhielt. Ganz spontan schloss ich die Augen und hörte das Channeling und das Bild dieser Frau erschien mir ganz klar und deutlich vor Augen. Sie glitzerte in Weiß und Silber. Und die Stimme des Mediums kam langsam direkt aus ihrem Mund.

Ihr Kleid sieht so aus, wie mit lauter Kristall- oder Glasperlen bestickt, in ihren Händen trug sie etwas, was ich jedoch nicht erkennen konnte, entweder waren es weiße Blumen oder etwas anderes, ich weiß nur, dass sie Licht ausstrahlen und malte auch deshalb nur Licht. Auf dem Turban sind kleine Steine und in der Mitte ein großer Stein, der mich an einen Mondstein erinnerte. Er strahlte eine Lichtsäule nach oben aus. Alles an ihr strahlte Ruhe und Anmut aus, ihre Gestalt war schlank und groß, die Haare und die Augen braun.

Sie sagte mir:

„Die Liebe, die ich im Herzen trage ist dieselbe, die Ihr gegenüber den Eurigen habt, nur lebe ich in einer anderer Realität (Dimension) als Ihr, und diese Liebe, die ich lebe, umgibt alles; wir haben keine Grenzen oder Rassenunterschiede oder Unterschiede in den Ländern.

Hier wo wir leben, richten wir niemanden und es gibt kein Gericht.

Wir empfangen all die, die ihren physischen Körper verlassen mit sehr viel Liebe. Das Bewusstsein desjenigen, der die Erde verlassen hat, nimmt entweder diese Liebe an, oder auch nicht, ganz wie sein Wahrnehmungsvermögen ist.

Ich bitte Euch alle, richtet Euch selbst oder andere nicht, zeigt die bedingungslose Liebe. Ist es denn so schwierig, auch über das, was Ihr seht, hinaus zu lieben? Niemand ist schuldig, alle sind Teilnehmer. Alle wollen ihr Bestes ausdrücken, aber manchmal wird dies getrübt durch emotionelle Täuschungen des Ego, das oft dominiert.

Fangt mit Euch selbst an, nehmt Euch selbst an als Ausdruck des Göttlichen auf Erden und in dem Augenblick, wo Ihr Euch selbst annehmen könnt, mit all Euren Fehlern, werdet Ihr auch Euren Nächsten aus einer anderer Sichtweise sehen, und mit Liebe.

Ich Bin Grace".

Grace ist das Dual von Erzengel Uriel, sie wird auch in Deutschland Donna Gracia genannt. Ihre Aufgabe in den Himmlischen Reichen ist die gleiche, wie Mutter Maria sie für die Erde hat. Sie ist vom silbernen Strahl, dem Strahl, der Strahl der Gnade, der alles Karma löscht.

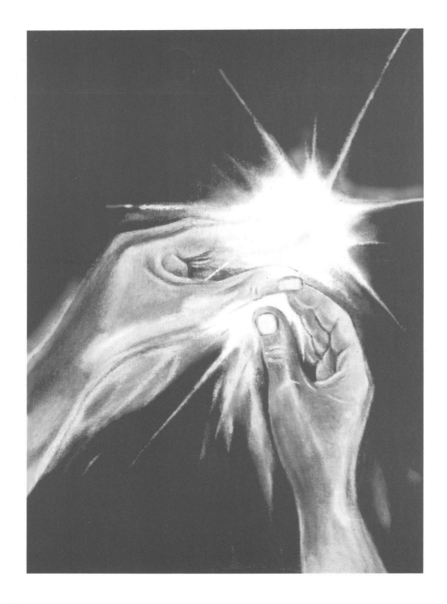

Heilende Hände

Mit diesem Bild möchte ich zeigen, dass ein jeder von uns den Himmel hier auf Erden manifestieren kann. In jedem Menschen wohnt der Himmel oder die Hölle. Die Hände sind ein Mittel zum Ausdruck, sie können Liebe oder Hass zeigen, sie können aufbauen oder zerstören.

Unser Körper ist ein Vehikel in dem wir unser Bewusstsein ausdrücken. Gott drückt sich nur durch unseren Körper aus –

„Zeig mir Deine Werke und ich werde wissen, wo Du bist".

Es gibt keine Guten oder Schlechten, wir alle bemühen uns das zu tun, was wir für richtig halten, es gibt lediglich verschiedene Evolutionsstufen und es liegt nicht in unserer Verantwortung, die Evolutionsstufe unseres Nächsten zu kritisieren, denn wir alle befinden uns in einem Stadium der Evolution.

Hier auf Erden haben wir viele verschiedene Stadien der Evolution - kulturell, ökonomisch usw. aber für Gott tun wir unser Bestes, jeder nach seiner besten Art und Ausdrucksweise.

Hilarion:
„Hab keine Angst..."

Hilarion, erschien mir am 15. Oktober 1998. Er ist eine sehr feine, aber gleichzeitig auch sehr starke Energie. Er will uns von unseren Blockaden lösen und uns den Glauben an den Schöpfer wiedergeben. Einen Glauben, den wir manchmal in vergangenen Jahren verloren haben. Seine Geste mit den Händen bedeutet: „Hab keine Angst, ich fange Dich mit meinen Händen auf, damit Du nicht fällst."

Wir sollen wieder wie ein Kind sein, das sich nicht um materielle Werte oder um „Sicherheit" kümmert, um in dieser Welt der Vorschriften und Vorurteile überleben zu können.

Ein Wort, das mich die ganze Zeit während meiner Arbeit verfolgte, wurde mir im Traum gesagt, bevor ich anfing, ihn zu malen: „Symmetrie", wie eine Vision im Spiegel. Zwei Aspekte eines Bildnisses, eine wirkliche, die andere virtuell.

Wenn wir uns selbst im Spiegel betrachten - welche Seite zeigt die Lösung zur Befreiung von all dem, was uns bindet, uns in unserer Entwicklung und auf unserem Pfad behindert?

Die Lösung liegt in uns und die Antworten auch. Und wir versuchen die ganze Zeit in unserem Leben Antworten außerhalb von uns zu finden. Wie Schafe, die nicht wissen, welcher der richtige Weg für sie ist und ohne zu überlegen, den anderen folgen. Es war eine andere Erfahrung, die ich hatte, aber die Einweihung erfolgt jetzt und bedeutet „**GLAUBE**".

Hilarion war ja der Apostel Paulus und ich las jetzt in einem Buch, dass die katholische Kirche seinen Namenstag am 21.

Oktober feiert, „zufällig" hat er sich ein paar Tage vorher bei mir gemeldet.

Hilarion ist Chohan des Fünften Strahles, der Heilung und der Wahrheit und Hüter der moosgrünen Flamme, zusammen in Erzengel Raphael.

Eine Botschaft von Hilarion
(Aus "DIE ADLER- Botschaften aus aller Welt", Nr. 12)

Was Euer Licht bedeutet

Ich bin Hilarion und ich komme heute und möchte Euch den Segen und den Erfolg versichern, den Ihr bei Euren Bemühungen habt, das durch das menschliche Auge Unsichtbare und durch die Hände Unberührbare zu erreichen. Versteht Ihr eigentlich wirklich, was Ihr vollbringt. Versteht Ihr, dass Wesen wie ich im Voraus darauf warten, dass Ihr Eure eigene Macht und die Größe Eures Wesens einseht? Wir beobachten und lehren und führen Euch, aber Ihr müsst verstehen, dass Ihr die ganze Arbeit leistet. Ihr seid es, die Euer Licht integriert.

Euer Licht ist die eigentliche Essenz und die eigentliche Macht von dem, wer Ihr seid. Es ist das, was Euer Herz klopfen lässt und Eure Stimmung in Schwung bringt und Eure Tränen weint. Es ist das, was Eure Gedanken denkt, Eure Zellen zum Wachsen bringt und Eure Füße bewegt. Versteht Ihr, dass es das eigentliche Leben von dem was Ihr seid, ist? Es ist Euer Bewusstsein, Eure Essenz. Und wahrlich, es ist nicht etwas, dass Ihr rufen müsst, wenn es irgendwo fehlt; es ist jedes bisschen, jedes Jota Eures Wesens. Es ist jedes Leben, jede Moleküle und jeder Traum, den Ihr habt. Es ist die Farbe Eurer

Augen, die Form Eures Körpers und das, was Euch bewegt: Bewegung und Emotion.

Das, was Ihr seid ist soviel prächtiger als Ihr womöglich während Eurer normalen wachen Minuten in Eurem Erdentag wahrnehmt. Es ist ein wunderbares, Euch selbst zu erlauben, in Meditation zu gehen und wenigstens eine Minute lang ein Teil der Größe, die Ihr wirklich seid, zu fühlen. Nun, ich möchte Euch hier nicht schmeicheln, ich sage Euch die Wahrheit. Ihr seid großartig, und es ist Euer Licht, das Licht von dem, was Ihr wirklich seid, das der Dirigent der Symphonie, die Ihr seid, ist. So müsst Ihr nicht ein vermisstes Glied des Lichtes zu Euch rufen, sondern tretet in es hinein, denn es ist immer da.

Ihr tretet in das, was die Macht Eurer eigenen Kreativität ist. Denn in der Tat habt Ihr alle unermessliche kreative Fähigkeiten. Eure eigene Kreativität hat Euer Leben geschaffen, Eure Umgebung, Eure Beziehungen und Eure Grenzen. Ihr habt kreative Kräfte, die weit über das hinausgehen, was Ihr als die dreidimensionale Welt kennt. Weit über Eure Traume hinaus ebenso. Ihr seid ein Funke, ein großer Funke eines reinen kreativen Bewusstseins. Versteht die Bedeutung des Wortes Funke nicht falsch, betrachtet ihn nicht als winzig, denn jedes Teil von dem was Gott ist, ist in der Tat immens.

Nun, warum erörtere ich Euch dieses jetzt? Es ist, weil einige von Euch liebevollen Wesen denken, dass ihr Licht, oder Hohes Selbst, hoch über ihren Köpfen schwebt und dass etwas dieses Licht herunterziehen muss um sie zu erreichen oder dass etwas sie emporschwingt. In Wahrheit gibt es kein "da oben", es gibt nur ein "hier IN", das in Euch ist. Das Licht das Ihr seid, ist soviel mehr als die Dichte in der Euer physischer Körper existiert.

Und so vibriert das Licht, das Ihr seid, in vielen verschiedenen Dichten und Frequenzen. Ihr seid multidimensional. Und es ist Euer Licht das jede Frequenz trägt, in jeder Dichte und Welt an der Ihr teilhabt.

Neue Energien kommen jetzt zu Euch und sie werden "der Photonengürtel" genannt und als solcher erfahren. Diese Energien sind nicht gerade angenehm zu spüren. Das heißt nicht, dass sie Euch zu Unwohlsein führen, sondern sie sind eben anders. Es wird weit verbreitet dass Ihr bald merken werdet, dass Ihr Teile von Euch selbst integriert, über die Ihr Euch in der aktuellen Wirklichkeit noch nicht bewusst seid. Diese Teile Eurer Energien, Lichtfrequenzen, umfassen wertvolle Teile der Erfahrung und Information über Euer eigenes Selbst, Eure eigenen Fähigkeiten und Potentiale. Seid geduldig mit Eurem Körper und mit Eurer Integrierung. Begreift, dass Ihr in Euer bewusstes Wesen, eine höhere Frequenz, eine größere Anhäufung integriert, von dem was Eure eigene Gegenwart ist.

Es ist öfters von großem Wert zu hören und zu lernen von denen, die Lehrer sind in geistiger oder physischer Form.. Versteht aber, dass die Integrierung, oder die Erhebung Eures Bewusstseins an dem Ihr teilhabt, Euch etwas sehr wichtiges lehrt. Sie lehrt Euch, dass Euer eigenes Wesen ziemlich eindrucksvoll ist. Sie lehrt Euch, dass es da ein großes Licht gibt, das das Licht Eures eigentlichen eigenen Herzens ist, das auch die Geschichte für Euch weiß. Dieses Licht weiß, wo und wer Ihr seid.

Fragt Ihr Euch, was Euer Weg ist? Fragt Ihr Euch, was Eure Aufgabe oder der Zweck in diesem Leben ist? Wir lieben Euch so sehr, dass wir niemals mit den Antworten auf diese Fragen eingreifen, denn die Antwort muss aus Eurem eigenen Herzen kommen. Die Antwort kommt von Eurem Licht, Eurer Energie, Eurer Lebenskraft, Eurem Wesen. Seid Ihr nicht groß? Könnt Ihr sehen, dass Ihr diese vollständige Lektion für Euch selbst gestaltet habt? Das ist eine immense Leistung. Es steht Euch zu, stolz auf Euch zu sein, und darauf, dass Ihr willig seid, nach den Antworten zu suchen.

Irgendwo in Euch - und ich meine hier nicht einen geographischen Ort - aber irgendwo in Euch liegt ein großes Wissen. Es ist ein großes Gut an Wissen. Ihr wisst, Ihr könnt es nicht in einer einfachen Meditation erreichen, denn Eure Glauben und Paradigma sind weit und zu tief sitzend um sie wegzuwerfen und das zu erkennen, was Ihr gewählt habt zu vergessen. In der Tat, mit der Zeit werdet Ihr bemerken, dass diese Glauben wegfallen, die Paradigmen gebrochen werden und Ihr fühlt, dass ihr Euch fragt, auf welcher Art von festem Grund Ihr nun stehen sollt.

Dies ist der Punkt, den Ihr gewählt habt, einzusehen. Und dort werdet Ihr Euer Licht finden.

Um Euer Licht, Euer Höheres Selbst, Eure ICH BIN GEGENWART, Eure Überseele zu erreichen, müsst Ihr keiner speziellen Übung folgen. Es gibt Meditationen die gegeben wurden und zu diesem Zweck sehr hilfreich sind. Es gibt Lieder, es gibt Mantras, es gibt Affirmationen und Visualisierungen, die in ihrer Praxis unschätzbar sind. Immerhin ist Eure Absicht wichtig, und dass Eure Seele weiß was Ihr meint. Versteht dass Eure Seele, Euer Licht weiß, um was Ihr bittet bzw. fragt.

Setzt Euch ruhig hin, schließt für einen Augenblick Eure Augen und fühlt die Energie, die Ihr seid. Fühlt ein leichtes Summen, das kontinuierlich durch Euren Körper geht. Das ist eine kleine

Portion des Lichtes, das Ihr seid. Wenn Ihr nun die Frequenzen dieses Lichtes integriert und Eure Welt, Euer Bewusstsein erweitert, werdet Ihr diese Energie fühlen, wie sie sich in und um Euren physischen Körper dreht. Ihr werdet Energien spüren, wenn ihr Euch abends zum Schlafen begebt und Ihr werdet sensitiver werden auf die Menschen und Dinge um Euch herum.

Es ist immer richtig zu wählen, wann und wie Ihr Eure eigenen Energien integrieren wollt. Begreift aber das es eine große Portion von Euch gibt, die genau weiß was passiert, und genau weiß, zu was Ihr bereit seid.

Es gibt kein anderes Wesen das mehr mit Euren Bedürfnissen, Euren Wünschen und Eurer Entwicklung angepasst ist, als Euer Selbst, das was das große Licht von dem was Ihr seid, ist.

So wird es sich bewegen und sich selbst integrieren, wenn Ihr es erlaubt. Ihr müsst da keinem komplizierten Ablauf folgen. Seid ganz einfach, und erlaubt Eurem eigenen Wachstum weiterzukommen.

Wenn Ihr lernt Eure Einzigartigkeit zu verstehen gegenüber dem was um Euch herum ist, werdet Ihr anfangen zu verstehen, dass alles, was Ihr um Euch herum seht, auch in Euch ist.

Und wenn das passiert, werdet Ihr verstehen, dass Eure größte Verbindung zu Gott, zu Allem-Was-Ist, Euer eigenes Licht ist.

Wenn ihr dieses Licht in Euch erlaubt, und ihm erlaubt, sich in Eurem physischen Körper zu bewegen und dort zu spielen, werdet Ihr Eure eigene Weisheit in Eurem eigenen Lichte kennenlernen. Ihr werdet verstehen, dass die leise Stimme, die

Ihr häufig vernehmt, Eure eigene Weisheit, Eure eigene Wahrheit und Euer eigenes Licht ist.

Ihr seid auf einer entscheidenden Reise. Es ist ein unglaubliches Abenteuer, wenn Ihr durch Eure Höhlen und Seitenstraßen Eures eigenen Bewusstseins und Eurer Kreativität reist.

Wir werden hier mit Euch sein, und wir werden immer über Euch wachen.

Wir sind Eure Brüder und Eure Schwestern. Wir sind Euch gleich im Geiste und es ist die Schönheit Eures Lichtes, die wir sehen, wenn wir Euch lehren und Euch ermutigen.

Bleibt in Eurem Licht und wisset, dass Ihr über alle Maßen und auf Ewigkeit geliebt seid.

Frieden sei mit Euch, Hilarion

Gechannelt von Lisa Holloway/Goldsboro, NC/USA

Horus

Bevor Meister Hilarion mir erschien, hatte ich diese Vision von Horus. Zunächst wollte ich ihn nicht malen, denn es war eine ganz persönliche Erfahrung. Ohne aber jetzt Einzelheiten zu nennen, möchte ich doch ein wenig über diese Vision sagen.

Ich wollte mich nur entspannen und meditierte; letztens waren meine Meditationen sehr entspannend und ich fühlte mich hinterher sehr wohl, ohne irgendeine besondere Erfahrung zu machen.

Ohne auf irgend etwas programmiert zu sein oder etwas zu erwarten sah ich mich plötzlich in einem großen Saal der aus reinem Gold bestand und ägyptische Inschriften an den Wänden hatte; eine ruhige Musik erklang und 5 junge Frauen tanzten vor einem Thron, auf dem ein junger Mann saß (wie auf dem Bild). Er sagte kein Wort, sondern schaute mich nur an, aber eine andere Stimme, die ich nicht kannte, beschrieb mir eine Version. Es war eine männliche Stimme.

Er trug ja auch immer diesen Falkenkopfschmuck und wird deshalb als Falke symbolisiert.

Ich weiß nicht, ob ich mich täuschte, aber mir wurde gesagt, dass er das erste Wesen sei, das auf der Erde nach dem Fall von Atlantis geboren wurde und seine Energie jetzt wieder auf der Erde inkarniert ist.

Mögen uns seine Energien in dieser jetzigen Zeit hilfreich sein.

Horus hat den Falken als Symbol. Er ist der Sohn von Isis und Osiris.

Raumschiff von Neptun

Ein anderes Erlebnis hatte ich im Traum. Alles war wirklich und plastisch. Ich befand mich in einem Park oder Wald. Ein unbekanntes Raumschiff drehte sich vor mir einen halben Meter über dem Boden. Die Lichter am oberen Teil wechselten und pulsierten wie ein Farbenspektrum; es schien, als ob das Objekt lebte. Aus einiger Entfernung sah ich drei sehr große und schlanke Wesen. Ich ging auf sie zu, sie hatten keine Furcht vor mir und ich fürchtete mich auch nicht.

Das Wesen, das ich dann später aufzeichnete, sagte mir, er sei Geologe und würde die Erdkruste untersuchen. Es gäbe noch andere die ebenfalls hierher kämen für denselben Zweck zusammen mit anderen Wissenschaftlern. Das Wesen war ca. 2,50 m groß, die Haut braun oder sonnengebräunt, die Augen waren dunkelbraun. Ich erfuhr, dass sie vom Neptun hergekommen seien. Es war sehr beeindruckend.

Lady Nada

Ostern brachte uns das Bildnis einer jungen Prinzessin, Lady Nada. Ich fühle mich sehr geehrt, wieder ein interdimensionales Wesen malen zu können. Vor dem Malen bin ich immer sehr besorgt, aber mit der Hilfe des VATERS gelingt es mir immer. Wenn ich dann meine Arbeit beendet habe und der Kontakt verschwindet, fühle ich mich einige Tage sehr leer. Anschließend geht es dann wieder bergauf und ohne falsche Bescheidenheit, bin ich immer über das Resultat überrascht.

Lady Nada ist die Zwillingsflamme von Lord Sananda (Jesus), sie ist Chohan des 6. Strahles und, zusammen mit Jesus Christus, Hüterin der Gold-Rubinfarbenen Flamme und steht für Heilung, Frieden, Gnade und Dienen.

Im 6. Strahl finden wir auch Erzengel Uriel und Zwillingsflamme Grace (Donna Gracia).

Frühere Inkarnationen:
Priesterin in Atlantis, Maria Magdalena, Klara von Assisi, Scholastika (Schwester des Hl. Benedikt), und Teresa von Avila.

Botschaft von Lady Nada
empfangen am 2. April 1999

Hier ist eine Rose, ohne Dornen, eine Rose der Liebe. Wenn Ihr Euch nicht selbst oder andere lieben könnt, dann fangt wenigstens erst einmal damit an, die Natur zu lieben.

Alles, was Ihr und die Erde jetzt durchmachen, wird ein Ende haben. Je mehr Menschen sich bemühen in Richtung dieses Gefühles zu gehen, dieser reinen Liebe, um so schneller wird sich alles verändern.

Wir können bei Euren Entscheidungen nicht eingreifen, und wir können nur helfen, wenn wir darum gebeten werden.

Es ist schwer, sich von der verkalkten Illusion zu trennen, aber es ist dennoch möglich. Sagt niemals, es sei unmöglich, es ist nur schwierig. Deshalb treten wir jetzt mit so vielen Menschen in Kontakt, die dafür offen sind, und durch sie können wir unsere Liebe und unseren Segen allen Menschen spenden, zumindest all denen, deren Herz sich für uns öffnet. Nur durch Euer Herz können wir zu Euch kommen.

Lasst den Geist Christi der Eine und Alles in jedem von Euch sein.

**Mit der Liebe des Allstrahlenden -
Lady Nada**

Metatron

Wir leben als ein Teil von ALLEM, und hier liegt die Freiheit !

Ich habe ihn schon vor 2 Jahren gesehen als ich eine Botschaft von ihm durch ein Medium aus den USA las. Ich sah aber nur ganz kurz sein Gesicht.

Am 14. April dieses Jahres 1999 erschien er mir, deutlicher und mit seinem ganzen Körper. Er trug ein gelbes und rotes Overall, und in der darauf folgenden Woche begann ich, ihn zu malen.

Bevor ich ihn jedoch malte, inspirierte er mich zu folgendem Gebet:

**Vater, öffne meine Augen,
damit ich Dich sehen kann,**

öffne mein Herz, damit ich Dich fühlen kann.

**Niemals mehr bitten –
sondern das mit anderer teilen,
was ich habe und was ICH BIN.**

**Niemals mehr verurteilen, sondern vereinen
(die Menschen so annehmen, wie sie sind).**

Ich will ICH WEISS sein – und niemals mehr Ich glaube

**ICH WEIß, DAß ICH BIN, DER ICH BIN.
ICH BIN IN ALLEM UND ALLES IST ICH.**

Und als ich mit dem Malen fertig war, übermittelte er mir folgende kleine Botschaft:

„Der Mensch geht so viele Wege bis er wieder zu seiner Quelle zurückkehrt, die reines Licht ist. Ich danke Dir, dass Du mich malst. Wie Du mich gesehen hast, werden mich viele jetzt sehen.

Erinnert Euch daran, dass das, was Ihr lebt, nur ein sehr kleines Teil dessen ist, was das wirkliche Leben bedeutet. Dieses Mysterium das für Euch der Tod ist, nimmt Euch so viel Zeit in Anspruch, so dass Ihr verhindert seid, in Eurem JETZT zu leben.

Wenn Ihr den Tod und die Krankheiten und andere Ängste loslassen würdet, dann wäre alles viel einfacher, selbst im größten Chaos.

Ein Engel oder ein Meister sind für niemanden die Erlösung. Sie sind nur ein Weg. Überlasst nicht alles den Engeln oder Meistern, sondern findet deren Essenz in Euch, dann werdet Ihr wieder Meister und Engel sein.

Wir wurden nicht aus einer Substanz geschaffen, die besser ist als die Eurige, wir leben nur nicht in der gleichen Illusion der Trennung, wir sind frei, wir leben als ein Teil von ALLEM, und hierin liegt die Freiheit, die wir Euch anbieten.

In Liebe - Metatron."

Lady Rowena
„Alles geschieht so, wie es bereits geplant war..."

Meister Rowena zeigte sich mir im Juni diesen Jahres. Am 26. Juli 1999 fing ich an, sie zu malen. Dabei gab sie mir folgende **Botschaft:**

„Ich Bin Rowena, eine Priesterin zur Zeit von Atlantis. Mit großer Zärtlichkeit und Demut zeige ich mich hier. Ich komme, um Euch zu versichern, dass alles unter dem Willen Gottes liegt. Alles wird sanft geschehen, es wird Tote geben, aber dies wird von den Menschen selber ausgelöst werden. Die Evolution der Welt ist schon seit langem in Bewegung, es wird jedoch keine Katastrophen geben, die sie zerstören. Viele werden jetzt wach und die Dogmen und ihre Adepten stellen sich selber Fragen und suchen andere Wege zu ihrer Verwirklichung. Die Regierungen werden sich dem Volk noch zeigen, sie sind die Mächtigsten zusammen mit den Trusts (Konzernen), die die Entwicklung der Erde manipulieren.

Die Völker aller Nationen werden auf die Straßen gehen und viele Regierungen werden stürzen, und das Volk wird andere Führer wählen: Dies ist nur eine Phase, denn danach wird es keine Regierungen so wie Ihr sie kennt, mehr geben. Sie werden nicht mehr nötig sein, denn alle werden ihre Leben zum Höchsten Gut von Allem führen.

Die gegenseitigen Pole (die negativen und positiven Energien) werden verschmelzen. Alles geschieht so, wie es bereits geplant war: es gibt keine Zufälle, sondern nur die Erfüllung dessen, was von all denen geplant wurde, die jetzt inkarniert sind oder die die Erde schon verlassen haben.

Die Sonne wird bald wieder großartig scheinen, und nicht mehr die schädlichen Strahlen für die Menschen mit sich tragen. Die Menschen werden nicht mehr Menschen sondern 'Lichtwesen' genannt werden.

Flieht nicht um Euch vor ökologischen Tragödien zu verstecken, Ihr werdet immer Hilfe bekommen, wenn Ihr darum bittet, selbst wenn andere dies nicht bemerken. Der Tod ist keine Strafe, Strafe ist nur ein Leben ohne Bewusstsein, ein Leben in vollständiger Illusion, ohne Liebe, ohne Glauben, ohne Zukunft. Gott sei mit Euch allen.

Rowena im Namen des Allmächtigen."

Inkarnationen von Lady Rowena:

Priesterin in Atlantis, Aphrodite, Johanna von Orleans, Hl. Bernadette, Marie Antoinette, Maria Stuart.

Sie ist Lenkerin/Chohan des Rosa Strahles. Wochentag: Dienstag.

Osiris
Die gewaltige Energie

Ich befand mich in tiefer Meditation und erlebte eine Zeremonie in einem Tempel mit Musik, die Isis einleitete. Sie zündete Feuer an und alles befand sich in einem solchen Frieden, als ob die Uhr nicht mehr schlagen würde und die Zeit nicht mehr existiere. Isis lud mich ein, durch das Feuer zu gehen, das sich vor einem Thron befand. Ich ging durch das Feuer und setzte mich und fühlte die Hitze der Feuerflammen, spürte aber keinen Schmerz, es verbrannte mich auch nicht.

Dann stellte mir Isis Osiris vor. Er erschien vor mir zusammen mit einem weißen Löwen. Er erklärte mir, dass seine Energie die des Löwen sei. Die Energie der Isis sei die Kobra (Schlange) und die des Horus der Falke. Aus der Kombination der Energien des Löwen und der Kobra entstand die Energie des Falken.

Alles andere was Osiris mir erzählte, während ich ihn malte, war rein privater Natur und nur für mich gedacht.

Ich beendete das Bild am 31. März 2000 und wie immer, war eine große Leere hinterher in mir, da die Energie von Osiris so gewaltig und so schön war, dass ich eigentlich gar nicht aufhören wollte, ihn zu malen.

Botschaft von Osiris

„Diese Treppen werden nur wahre Liebende begehen. So wie Isis meine Teile in Liebe suchte, niemals aufgab, so seid auch Ihr aufgefordert, nicht aufzugeben, weiter zu suchen bis Ihr alle

Teile gefunden habt. Alle Teile (7) ergeben die wahre reine Liebe.

Ich bin hier um Euch Menschen zu zeigen - die Teile sind zusammengefügt - der Kleber ist die beständige Liebe, die niemals aufgibt.

Es ist an der Zeit, auch das Eure zu tun. Öffnet Euer Herz, lasst die Gefühle fließen und handelt nach ihnen. Sie führen Euch zu Euren gesuchten Teilen.

Gott, der Allstrahlende erwartet Euch in Wiedervereinigung.

Osiris."

Und Isis fügt hinzu:

„Ich verstehe Eure Qualen. Auch ich bin durch dieses Tal. Ihr müsst jedoch handeln. Nur die Tat bringt Euch vorwärts. Du fragst, welche Tat? Dein Herz wird es Dir sagen, gebe auf Zeichen acht. Du wirst genügend Hinweise erhalten. Nur handeln musst DU. Es liegt an Dir, ob Du im Tal rastest oder weitergehst. Wir warten auf Euch alle. Gemeinsam werden wir diese Treppe beschreiten und in eine neue Lichtära eintreten.

Adonai, Isis."
Gechannelt von Jutta Büschke, Nürnberg

Lotusblume
Das Bild auf der Titelseite

erhielt ich inspirativ während meiner Atemübungen, als sich Raphael mit offenen Händen vor mir zeigte.
Seine Gestalt verschwand langsam, bis ich nur noch die zwei Lichtstrahlen erkennen konnte. Die Blume ist ein Lotus auf dem Wasser.

Ich rate jedem, während der Meditation oder den Atemübungen sich dabei wie ein Lotus auf dem Wasser zu sehen. Stellt Euch dabei vor, dass das Licht Euch einhüllt und in jedes einzelne Organ eindringt. Das ist besonders zu empfehlen. wenn Ihr müde seid oder Euch unwohl fühlt.

Alle Bilder sind als Postkarten und Poster (auch photographische Sondergrößen) in Farbe erhältlich im Heidemarie de Melo Verlag - München

Heidemarie de Melo Verlag
Schleissheimerstr.220
80797 München
email: de.Melo.Horus @t-online.de